Hermann Böckle

Das Leben nach dem Tod

Betrachtungen über die Geschehnisse nach dem Tode

Hermann Böckle

Das Leben nach dem Tod

Betrachtungen über die Geschehnisse nach dem Tode

Rediroma-Verlag

Bibliografische Information der Deutschen Nationalbibliothek:
Die Deutsche Nationalbibliothek verzeichnet diese Publikation in der Deutschen Nationalbibliografie; detaillierte bibliografische Daten sind im Internet über http://dnb.ddb.de abrufbar.

ISBN 978-3-96103-163-4

www.rediroma-verlag.de
9,95 Euro (D)

Ist der Tod das absolute Ende oder Vollendung und Neuanfang?

Hermann Böckle
Mitglied der liechtensteinischen Rechtsanwaltskammer

Inhalt

Vorwort

Nach Abschluss meiner beruflichen Tätigkeit als Rechtsanwalt habe ich den Versuch unternommen, mich mit religiösen und philosophischen Sachverhalten näher zu befassen. Ich habe im Laufe meines Lebens verschiedene schulische Ausbildungen absolviert und drei völlig unterschiedliche Berufe ausgeübt.

Als erstes habe ich die Volks- und Handelsschule absolviert und bin dann von 1958 bis 1978 als Textilkaufmann tätig gewesen. Neben meiner diesbezüglichen beruflichen Tätigkeit habe ich von 1974 bis 1977 die Handelsakademie für Berufstätige absolviert, wechselte dann im Jahre 1978 beruflich in den Schulbereich und war dort als Lehrer an der kaufmännischen Berufsschule in Dornbirn tätig. Gleichzeitig begann ich neben meiner diesbezüglichen Tätigkeit das Studium der Rechtswissenschaften an der Universität Innsbruck. Dieses Studium habe ich 1982 erfolgreich mit dem Doktorat abgeschlossen. Zwischendurch habe ich auch noch das Studium der Berufspädagogischen Akademie in Innsbruck erfolgreich absolviert und dort neben den kaufmännischen Fächern auch die rechtliche Befähigung zum Religionslehrer für Berufsschulen erworben. Neben meiner Tätigkeit als Lehrer an der Berufsschule, der Handelsschule und der Handelsakademie sowie als Vetragsassistent für Handelsrecht an der Universität Innsbruck und Lektor für Straf- und Verfassungsrecht an der Universität Klagenfurt und Linz habe ich auch die Ausbildung zum Rechtsanwalt in Österreich und Liechtenstein absolviert. Im Jahre 1983 wurde ich in Österreich in die

Liste der Verteidiger in Strafsachen und im Jahre 1997 als Rechtsanwalt in die Liste der Rechtsanwälte in Österreich und in Liechtenstein eingetragen. Bis zu meinem Pensionsantritt habe ich den Beruf des Rechtsanwaltes in Liechtenstein ausgeübt.

Was meine private Entwicklung anbelangt, möchte ich Folgendes kurz erwähnen. Ich habe 1962 geheiratet, 1964 und 1966 wurden mir zwei Töchter geboren. Zwischenzeitlich bin ich stolzer Großvater von vier Enkelkindern und meine Frau und ich können heuer den 55. Hochzeitstag feiern.

Im November 2016 wurde mein erstes Buch mit dem Titel »Wer ist Gott und was will Gott?« vom Rediroma-Verlag herausgegeben.

Dornbirn, im März 2017
Der Autor

Kapitel 1
Der Tod des menschlichen Körpers

1. Wann ist der menschliche Körper tot?

In MEYERS ENZYKLOPÄDISCHES LEXIKON[9] wird der Tod wie folgt definiert:

Tod (Exitus) ist der Stillstand der Lebensfunktionen bei Mensch, Tier und Pflanze. Lediglich einzellige Lebewesen besitzen potentielle Unsterblichkeit, da ihr Zellkörper durch Teilung immer wieder vollständig in den Tochterzellen aufgeht, sodass kein Leichnam zurückbleibt; auch über sehr lange Zeiträume hinweg können keine erkennbaren Alterungsunterschiede in ihrem Zellplasma festgestellt werden.

Medizinisch gesehen tritt der Stillstand der Lebensfunktionen in den verschiedenen Organen und Geweben zeitlich versetzt ein, mit unterschiedlichen Folgen) für den Gesamtorganismus.

Bei akuter Schädigung (z.B. Kreislaufstillstand) kann man für die einzelnen Organe eine Funktionserhaltungszeit (bis zum Erlöschen der Organfunktionen), eine Wiederbelebungszeit (in der eine Wiederbelebung durch geeignete Maßnahmen noch möglich ist) und eine Strukturerhaltungszeit (bis zum Untergang der funktionsunfähigen Zellverbände) definieren.

Diese Zeiten sind besonders kurz bei hoher Stoffwechselrate und geringem Energiereservoir eines Organs (z.B. beim Gehirn), sie sind umgekehrt bei niedrigem Stoffwechsel besonders lang (z.B. bei bradytrophen Geweben).

Das Schicksal des Organismus als Ganzes hängt kurzfristig vom Schicksal seiner lebenswichtigen Organe ab, die ihrerseits voneinander nicht unabhängig sind. Diesem komplexen System von Gegebenheiten und Interdependenzen entsprechend unterscheidet man verschiedene Arten des Todes.

Unter klinischem Tod versteht man den Status einer Zeitspanne von etwa drei Minuten nach einem Herz- und Atemstillstand, während der in Prinzip eine Wiederbelebung v. a. durch Herzmassage und künstliche Beatmung noch möglich ist.

Das Absterben einzelner lebenswichtiger Organe, kann den Untergang anderer Organe und des gesamten Organismus nach sich ziehen (z.B. Hirntod als zentraler Tod), wenn keine Maßnahme zum Ersatz der betreffenden Organfunktion getroffen werden kann (z. B. Wiederherstellung der Kreislauffunktion).

Ohne Reanimation geht der klinische Tod in den biologischen Tod (endgültiger allgemeiner Tod) über, mit irreversiblem Untergang aller Organe und Gewebe (Stoffwechselstillstand, Ausfall von Zellteilung, Erregbarkeit und Kontraktilität, schließlich Ausbildung der Todeszeichen und Strukturverfall).

2. Wann tritt beim Tier der biologische Tod ein?

Ein Lebewesen gilt als tot, wenn alle seine Lebensorgane zum Stillstand gelangen, also nichts mehr lebt. Hier kann auf die Ausführungen zum Tod des menschlichen Körpers verwiesen werden.

3. Erleiden auch die Pflanzen einen biologischen Tod?

Pflanzen vollziehen ebenfalls einen Stoffwechsel. Lebende Pflanzen betreiben Stoffwechsel, tote Pflanzen sind dazu nicht mehr in der Lage – so die Regel. Allerdings gibt es Pflanzen in der Wüste, die sich für lange Zeit in einem Ruhezustand befinden können. Wie lange sie dort ohne Photosynthese ihren biologischen Tod vermeiden können, ist schwer zu sagen. Dauert dieser Zustand lange genug, so erleiden auch sie den biologischen Tod.

4. Bedeutet der biologische Tod das absolute Ende eines jeden Lebewesens?

Bei Tieren und Pflanzen endet mit dem biologischen Tod die Existenz der davon betroffenen Kreatur absolut. Eine andere Situation ist diesbezüglich beim Menschen gegeben. Je nach Denkschule werden hierzu unterschiedliche Ansichten vertreten.

Juristisch gesehen endet mit dem Tod des Menschen auch seine Fähigkeit, die bis zu seinem Tode ihm zuzuordnenden Rechte auszuüben. Ein physisch toter Mensch kann weder Rechte erwerben noch zu seinen Lebzeiten innegehabte Rechte ausüben. Er ist diesbezüglich handlungs- und geschäftsunfähig. Alle seine Rechte gehen diesbezüglich entweder direkt oder via der Rechtsnormen des »Ruhenden Nachlasses« an seine Erben über. Selbst der Rechtsanspruch auf die Totenruhe ist bei Verstößen dagegen vom Staat bzw. von sonst hierzu berechtigten Dritten geltend zu machen.

Muss auch die Vernunft uns sagen, dass es ein Leben nach dem Tode nicht geben kann? Wird die Vernunft nur auf das naturwissenschaftliche Weltbild eingegrenzt, so besteht dieses Weltbild tatsächlich auch nur aus der materiellen Welt, somit nur aus Materie und Energie eingegrenzt von Raum und Zeit (siehe Dieter Schuster, Das Quantengeheimnis; Hrsg. Contessa Verlag).

Allerdings erhebt sich hier wiederum die Frage, ob das so gesehene naturwissenschaftliche Weltbild auch zutreffend ist. Das heißt mit anderen Worten, ob unser Universum tatsächlich nur aus Raum und Zeit sowie Materie und Energie besteht.

Selbst bei den Physikern gibt es hinsichtlich der diesbezüglichen Sichtweise immer mehr Zweifler und Kritiker. Nach deren Ansicht gibt sowohl die Quantenphysik wie die Existenz unseres Bewusstseins, dessen Funktionsweise bislang auch von den Materialisten nicht ausreichend erklärt werden kann, berechtigten Anlass für Zweifel an den bisherigen lediglich materiell geprägten Denkansätzen.

In Bezug auf die Quantenphysik ist auf Luis de Broglie, *Dissertation, Recherche sur la theorie des quanta, 1924,* zu verweisen, wonach jegliche Materie einen Wellencharakter aufweisen kann und umgekehrt Wellen aber auch einen Teilchencharakter aufweisen können.

Gemäß Dieter Schuster gebe es neben der materiellen Welt auch noch eine Welt aus reiner Information, die er als die »innere Welt« bezeichnet. Vor wenigen Jahren hat auch der Genfer Physiker Nicolas Gisin mit einem Experiment am Forschungszentrum CERN Aufsehen erregt. Er hat dort nachgewiesen, dass der Informationsaustausch zwischen verschränkten Teilchen simultan erfolgt und zwar unabhängig von der Entfernung. Das heißt, Teilchen im Universum können sich wechselseitig beeinflussen. Hieraus folgt wiederum, dass Teilchen seit dem Urknall sich im gesamten Universum wechselseitig beeinflussen und jeder von uns an diesem Dialog aktiv teilnimmt. Dieter Schuster geht wiederum davon aus, dass die materielle Welt und die innere Welt nicht voneinander isoliert sind, denn es herrsche zwischen ihnen ein intensiver Informationsaustausch, der in beide Richtungen ginge. Dieser Informationsaustausch sei auch extrem wichtig, denn er bewirke sowohl unser Bewusstsein wie auch unser Leben nach dem Tod.

Rolf Froböse, wissenschaftlicher Mitarbeiter am Gemelin-Institut der Max-Planck-Gesellschaft in Frankfurt am Main, vertritt in einem Beitrag – Die Physik und die unsterbliche Seele – den Standpunkt, dass sich unser Weltbild von Grund auf ändern könnte. Durch die Quantenphysik könnte es nämlich möglich werden, dass Wissenschaftler und Philosophen zur Religion gelangen.

5. Auffassung der Theologie zum Leben nach dem Tod?

Im Evangelium nach Maria Magdalena (Teil der Apokryphen des Neuen Testamentes) antwortet Jesus auf die Frage, ob Materie nun zerstört wird oder nicht:

»Alles Natürliche, jede Form, sämtliche Kreaturen existieren in- und miteinander und sie lösen sich wieder in das auf, aus dem sie entstanden sind. Denn die Natur kann sich nur wieder in ihre eigenen Wurzeln auflösen.«

Die Grundbauseine jeglicher Materie sind die Atome. Unterschiedliche Atomkombinationen bilden die chemischen Elemente, aus denen alles aufgebaut ist, was es auf der Erde (und vermutlich im ganzen Universum) gibt.

Atome lassen sich weiter zerlegen in so genannte Elementarteilchen. Das Wasserstoffatom z.B. besteht aus einem einzigen Proton, das den Atomkern bildet, und einem einzigen Elektron, das den Kern umkreist und somit die Atomhülle bildet. Zehn Millionen Atome aneinandergereiht ergeben eine Länge von einem Millimeter. Astronomen schätzen, dass es im gesamten Universum 10^{85} Atome gibt.

Mehrere Atome fügen sich zu Molekülen zusammen. Eine Zelle, das ist die elementare Einheit aller Lebewesen (man schätzt, dass die erste Zelle vor ca. 3,5 Milliarden Jahren entstand), ist im Durchschnitt nur ein Vierzigtausendstel Millimeter groß. Ein erwachsener Mensch besteht aus fünfzigtausend Milliarden Zellen (davon bilden ca. 100 Milliarden das Gehirn) oder anders ausgedrückt aus 10 Quadrilliarden Atomen (das ist eine 1 mit 28 Nullen). Jede Sekunde sterben beim Menschen Millionen Zellen ab und es werden im gleichen Zeitabschnitt in etwa genauso viele Zellen durch Zellteilung neu gebildet. Alle Zellen im menschlichen Körper erneuern sich binnen sieben Jahren. Für die Zellen im Gehirn hat dies nur eine eingeschränkte Gültigkeit. Ging man ursprünglich davon aus, dass sich Gehirnzellen nach der Geburt weder vermehren noch erneuen, gilt nun erwiesen, dass im menschlichen Gehirn auch nach der Geburt neue Nervenzellen entstehen (siehe Christina Berndt in Süddeutsche Zeitung, 7. Juni 2013). Im Fachblatt »Nature Medicine« berichtet Fred. H. Gage vom Salk Institute for Biological Studies, dass sich Zellen im menschlichen Gehirn sogar teilen könnten. Zuvor war die Forschung der Ansicht, dass Hirnzellen schon kurz nach der Geburt aufhören, sich zu vermehren bzw. zu teilen. Nun sei jedoch sicher, so Gage, dass das menschliche Gehirn das Potenzial zur Selbsterneuerung im Verlaufe des gesamten Lebens behalte.

Nachdem sich der menschliche Körper nach seinem biologischen Tod wieder in seine eigenen Wurzeln auflöst (Aussage Jesus), so muss die Frage eine Antwort finden, ob Jesus, der ja als Schöpfer des Universums eine absolute Kenntnis sämtlicher naturwissenschaftlicher Gegebenheiten hatte, mit dem Begriff »Wurzeln« die Atome oder die Quantenteilchen bzw. Wellen gemeint hat. Dies ist deshalb von Bedeutung, weil wir bezüglich der Quantentheorie noch keine umfassende und abschließende Kenntnislage besitzen.

Nachdem einerseits die Existenz Gottes, des Schöpfers aller sichtbaren und unsichtbaren Dinge, bereits vor Schaffung des Universums und damit vor dem Zeitpunkt des Urknalls, durch welchen das Universum sich aus der Singularität gebildet hat, gegeben war (siehe hierzu Joh. 17.5), und andererseits auch Wellen und Teilchen, auf die sich die Quantentheorie bezieht, Teile der von Gott erschaffenen Substanz sind, kann in Bezug auf das Leben nach dem Tode, jedenfalls soweit dies als unsterblich gelten soll, eine Beantwortung der zuvor gestellte Frage unterbleiben. Dies deshalb, weil auch Teilchen und Wellen, wie sie in der Quantentheorie vorkommen, letztlich das Schicksal unseres Universums teilen und somit nur eine zeitlich begrenzte Existenz besitzen.

In Genesis 1.26 der Bibel heißt es:

Dann sprach Gott: Lasst uns Menschen machen, als unser Abbild uns ähnlich.

In Genesis 1.27 heißt es:

Gott schuf also den Menschen als sein Abbild. Als Abbild Gottes schuf er ihn. Als Mann und Frau schuf er sie.

In Genesis 2.7 heißt es:

Da formte Gott der Herr, den Menschen aus Erde vom Ackerboden und blies in seine Nase den Lebensatem. So wurde der Mensch zu einem lebendigen Wesen.

In Genesis 2.8,9 heißt es:

Dann legte Gott, der Herr in Eden, im Osten, einen Garten an und setzte dorthin den Menschen, den er geformt hatte. Gott der Herr ließ aus dem Ackerboden allerlei Bäume wachsen, verlockend anzusehen und mit köstlichen Früchten; in der Mitte des Gartens aber den Baum des Lebens und den Baum der Erkenntnis von Gut und Böse.

In Genesis 2.16,17 steht:

Von allen Bäumen des Gartens darfst du essen, doch vom Baum der Erkenntnis von Gut und Böse darfst du nicht essen; denn sobald du davon isst, wirst du sterben.

In Genesis 3.6 steht:

Da sah die Frau, dass es köstlich wäre, von dem Baum (der Erkenntnis) zu essen, dass der Baum eine Augenweide war und dazu verlockte, klug zu werden. Sie nahm von seinen Früchten und aß; sie gab auch ihrem Mann, der bei ihr war, und auch er aß.

In Genesis 3.19 steht:

Im Schweiße deines Angesichts/ sollst du dein Brot essen, / bis du zurückkehrst zum Ackerboden / von ihm bist du ja genommen. / Denn Staub bist du, zum Staub musst du zurück.

In Joh. 17.5 heißt es:

Vater verherrliche du mich jetzt bei dir, mit der Herrlichkeit, die ich bei dir hatte, bevor die Welt war.

Da der Mensch sich nicht an das Gebot Gottes gehalten hat, verfügte Gott, dass der Mensch den Tod erleiden soll und wiederum zum Staub, aus dem er geschaffen wurde, zurückkehren muss. Aus dieser Verfügung Gottes geht eindeutig hervor, dass der Mensch sterben wird und dabei der Verbund der Atome, aus denen sein Körper gebildet wurde und die auch die Wurzeln der menschlichen Existenz darstellen, sich auflöst. Dies besagt auch die Aussage Jesu, wie sie im Evangelium nach Maria Magdalena wiedergegeben wird. Somit werden als Folge des biologischen Todes des Menschen 10 Quadrilliarden Atome, die im Körper des Menschen gebunden waren, wiederum der Natur zur freien Verfügung zurückgegeben. Ob und wenn ja, welche konkreten Folgen dieser Vorgang in der Quantenebene bewirkt, ist derzeit von der Naturwissenschaft noch nicht geklärt. Es muss somit vorerst auch offenbleiben, ob auf materieller Ebene im Bereich der Quantentheorie vom menschlichen Körper auch nach seinem Tode noch irgendwelche Spuren erhalten bleiben. Solche Spuren werden allerdings spätestens mit dem Untergang unseres Universums ebenfalls dem Untergang anheimfallen. Allerdings gibt es auch im materiellen Bereich eine relative »Unsterblichkeit« da genetische Teile (Gene) vom ersten bis zum letzten Menschen durch Verschmelzung von Samen und Eizelle weitergegeben werden und in allen heute noch lebenden Menschen auch Gene des ersten Menschen vorhanden sind. Ein Tod dieser Gene wird erst stattfinden, wenn den letzten Menschen der Tod ereilt.

Kapitel 2
Das Schicksal der menschlichen Seele

1. Die menschliche Seele

a) Bestimmung des Begriffs »Seele«:
Im 20. Jahrhundert wurden unterschiedliche Bestimmungen des Begriffs »Seele« vorgeschlagen:

-Unter Seele wird eine besondere Substanz verstanden, von welcher das Denken, Fühlen und weitere geistige Akte ausgehen und die, solange sie an den Körper gebunden ist, diesen kontrolliert. Von Theologen und Metaphysikern wird auch von der Fortexistenz der Seele nach dem biologischen Tod des Körpers, mit dem sie bis zu diesem Zeitpunkt verbunden war, ausgegangen. Hierbei wird vielfach im Ergebnis auf den platonischen oder cartesianischen Seelenbegriff zurückgegriffen. In der christlichen Philosophie werden jedoch auch antiplatonische Auffassungen vertreten, und die Seele und der Körper als ganzheitliche Einheit betrachtet.

-Im Materialismus wird die Existenz einer eigenständigen Seele abgelehnt und die Behauptung aufgestellt, dass alle Agenden, die man für gewöhnlich der Seele zuschreibe, auf körperliche und neuronale Zustände reduzierbar seien.

-Schwieriger sind jene Positionen einzuordnen, die wohl einen reinen Materialismus ablehnen und mentales Geschehen nicht nur als real gegeben ansehen, sondern dieses auch als irreduzibel und oft auch als im Sinne einer Kontrolle von Körperzuständen als kausal wirksam erachten. Allerdings erfolgt hier keine Festlegung auf den Begriff Seele im klassischen Sinne, insbesondere nicht auf eine Unsterblichkeit derselben.

Die eindeutigste Ablehnung eines Seelenbegriffes findet sich im Rahmen des eliminativen Materialismus bei Philosophen wie Patricia und Paul Churchland. Nach ihrer Ansicht sei die Alltagspsychologie falsch und eine seit der Antike stagnierende Theorie. Den diesbezüglichen Begriffen entspreche nicht die Realität, denn alles, was es in der Wirklichkeit gebe, seien biologische Prozesse. Der Philosoph Richard Rorthy versuchte schon in den 1970er Jahren eine solche Position mit einem Gedankenexperiment zu verdeutlichen: Man könne sich eine extraterrestrische Zivilisation vorstellen, die kein psychologisches Vokabular verwende und stattdessen nur von biologischen Zuständen spreche. Eine solche Zivilisation wäre hinsichtlich ihrer kommunikativen Fähigkeiten der Menschheit in nichts unterlegen. Traditionelle Materialisten bestreiten jedoch nicht die Existenz von mentalen Zuständen. Sie akzeptieren mentale Zustände, behaupten jedoch, diese seien nichts anderes als materielle Gegebenheiten. So könne man auch im Rahmen solcher Theorien den Begriff »Seele« verwenden. Diese Auffassung wird allerdings teilweise als »Kohlenstoffchauvinismus« kritisiert, da dort Bewusstsein an die Existenz eines organischen Nervensystems gebunden werde. Bewusste Lebensformen auf anorganischer Basis (etwa Silicium) würden dabei genauso konzeptionell ausgeschlossen wie bewusste künstliche Intelligenzen. Im Kontext der Entwicklung der künstlichen Intelligenz entstand zudem eine materialistische Alternativposition. Diese wird als Funktionalismus bezeichnet und beruht auf einer Computeranalogie. Eine Software könne durch sehr verschiedene Computer realisiert werden, daher könne man einen Softwarezustand nicht mit einer spezifischen Struktur identifizieren. Vielmehr sei die Software durch funktionale Zustände spezifiziert, die durch verschiedene physische Systeme realisiert werden könnten. Mentale Zustände seien funktional ebenso zu begreifen. Das Gehirn biete somit nur eine mögliche Realisierung von vielen. Daniel Dennet vertritt den Standpunkt, dass ein bewusster menschlicher Geist mehr oder weniger eine seriale virtuelle Maschine sei, die ineffizient an der parallelen Hardware montiert sei, die uns von der Evolution geliefert wurde. In der modernen Philosophie des Geistes werden aber auch dualistische Positionen vertreten. Gemäß Richard Swinburne lasse sich auch eine Situation vorstellen, in der unser Körper zerstört werde, aber unser Bewusstsein andauere. Dieser Bewusstseinsstrom benötige allerdings einen Träger oder eine Substanz. Damit diese Substanz identisch mit der Person vor dem körperlichen Tod sei, müsse es etwas geben, was diese Phase mit der anderen verbindet. Da der Körper zerstört werde, könne dieses Etwas nicht physikalische Materie sein. Es müsse etwas Immaterielles geben, das wir Seele nennen. Auch William D. Hart hat einen cartesianischen Dualismus mit dem Argument verteidigt, dass wir uns vorstellen könnten, ohne Körper zu sein, jedoch gleichwohl unsere Akteurs Kausalität beizubehalten. Da Vorstellbares möglich sei, könnten wir selbst auch ohne Körper existieren und seien somit nicht notwendigerweise an Materielles gebunden (siehe WIKIPEDIA, Die freie Enzyklopädie).

b) Katholische Kirche zum Begriff »Seele«:

Das 5. Laterankonzil erklärte in der 8. Sitzung am 19. Dezember 1513, dass der Mensch eine individuelle und unsterbliche Seele besitze, was Voraussetzung für eine persönliche Unsterblichkeit sei. Der Ausdruck Seele hat vielfältige Bedeutungen, je nach den unterschiedlichen mystischen, religiösen, philosophischen oder psychologischen Traditionen und Lehren, aus denen er hervorgeht. Im heutigen Sprachgebrauch ist oft die Gesamtheit aller Gefühlsregungen und geistigen Vorgängen beim Menschen gemeint. In diesem Sinne ist die »Seele« weitgehend mit dem Begriff Psyche synonym. Seele kann aber auch ein Prinzip bezeichnen, von dem angenommen wird, dass es diesen Regungen und Vorgängen zugrunde liegt, sie ordnet und auch körperliche Vorgänge herbeiführt oder beeinflusst. Mit anderen Worten, die Seele ist jene Stelle, wo der freie Wille des Menschen situiert ist und die jeweiligen Entscheidungen trifft (siehe WIKIPEDIA, Die freie Enzyklopädie).

2. Philosophie und Theologie zur Existenz der menschlichen Seele

Im Folgenden wird übersichtsweise aufgezeigt, welche Auffassungen in den verschiedenen Epochen und bei den drei monistischen Religionen bezüglich der Existenz einer menschlichen Seele eingenommen wurden und werden.

a) Platon:

Platon (428 – 348 v.Ch.) sieht die Seele als immateriell und unsterblich. Sie existiere unabhängig vom Körper, also schon vor dessen Entstehung. Daraus ergebe sich ein konsequenter Dualismus. Seele und Körper seien nach ihrer Beschaffenheit und nach ihrem Schicksal völlig verschieden. Ihr Zusammentreten und Zusammenwirken sei nur vorübergehend und ihre Trennung erstrebenswert, da der Körper de facto das Grab der Seele sei. Die Seele habe die Fähigkeit, sinnlich nicht wahrnehmbare Erkenntnisgegenstände (Ideen) wie »das Gerechte«, »das Schöne« und »das Gute« zu erfassen, worauf sich auch ihr Interesse richte. Das zeige ihre Wesensverwandtschaft mit dem, wonach sie strebe. Das von der Seele Angestrebte sei jenseits der Vergänglichkeit und unabhängig von einzelnen Sinnesobjekten. Wäre die Seele selbst vergänglich, so hätte sie keinen Zugang zum Unvergänglichen. Das Lernen der Seele bestehe auch nicht darin, dass die Seele etwas Neues und Fremdes von außen aufnehme, sondern darin, dass sie sich an ein Wissen erinnere, das sie eigentlich bereits zuvor hatte. Die inneren Konflikte des Menschen erklärt Platon damit, dass die Seele aus einem vernunftbegabten Teil mit Sitz im Gehirn, einem triebhaften Teil mit Sitz im Unterleib und einem mutigen Teil mit Sitz in der Brust bestehe. Hierdurch sei die Seele uneinheitlich. Nach Platons ursprünglicher Auffassung bilde sie dennoch eine Einheit, da alle Seelenteile an der Unsterblichkeit und an der jenseitigen Existenz der Seele teilhaben würden. Später war Platon der Ansicht, dass die beiden niederen Seelenteile vergängliche Hinzufügungen zur unsterblichen Vernunftseele seien (siehe WIKIPEDIA, Die freie Enzyklopädie).

b) Aristoteles:

Aristoteles vertrat die Auffassung, dass die Existenz von Körper und Seele einschließlich des möglichen Intellekts mit dem Tod ende. Die Seele sei kein eigenständiges Wesen, das unabhängig vom Körper existiere, sondern dessen Form, und sie sei daher vom Körper auch nicht trennbar. Entgegen der Auffassung von Platon komme der Seele kein eigenständiges Dasein zu. Damit im Menschen die Vernunft konkret in Erscheinung trete und eine Erkenntnis herbeiführe, bedürfe es eines aktiven und eines passiven Prinzips. Die passive (erleidende) Vernunft sei die Fähigkeit, dem Verstand Sinneseindrücke zu präsentieren. Die aktive (wirkende) Vernunft sei dann in der Lage, Schlüsse zu ziehen und Meinungen zu bilden. Die passive Vernunft werde biologisch vererbt, hingegen komme die aktive Vernunft von außen in den Menschen hinein. Die Seele und damit auch die passive Vernunft sei vergänglich und sterbe mit dem Körper. Die aktive Vernunft sei hingegen unvergänglich. Dies bewirke jedoch keine Unsterblichkeit der einzelnen Person.

c) die Stoiker:

Die Stoiker betrachteten die Seele als körperlich (feinstofflich). Die Einzelseele von Mensch und Tier entstehe zwischen Zeugung und Geburt. Die Seele durchdringe den ganzen Körper, bewahre dabei aber stets ihre eigene Identität. Im Tod trenne sie sich vom Körper. Bei manchen Menschen überlebe sie diese Trennung. Allerdings werde sie dadurch nicht unsterblich, sondern sie löse sich nur zu einem späteren Zeitpunkt auf. Eine Unterwelt als Totenreich gebe es allerdings nicht (siehe WIKIPEDIA, Die freie Enzyklopädie).

d) spätes und hellenistisches Judentum:
Teile des späten, insbesondere des hellenistischen Judentums kannten eine Fortexistenz des Menschen nach seinem irdischen Tode, die mit einer leiblichen Auferstehung verbunden sei, während andere an eine vom Körper losgelöste Seele dachten. Es wurde ein Weltgericht beschrieben, in welchem die Toten nach ihren Werken gerichtet würden (siehe WIKIPEDIA, Die freie Enzyklopädie).

e) die Essener:
Die Essener nahmen nach dem Bericht des jüdischen Geschichtsschreibers Flavius Josephus eine unsterbliche, feinstoffliche Seele an, die im Körper wie in einem Gefängnis lebe und beim Tode befreit werde (siehe WIKIPEDIA, Die freie Enzyklopädie).

f) Pharisäer und Sadduzäer:
Die Pharisäer glaubten an eine Auferstehung, die Sadduzäer hingegen bestritten Unsterblichkeit und Auferstehung. (Siehe WIKIPEDIA, Die freie Enzyklopädie.)

g) Neues Testament:
Im Neuen Testament kommt der griechische Begriff (Psyche) vor, der in älteren Bibelübersetzungen mit Seele wiedergegeben wird. In den neueren Bibelübersetzungen wird (Psyche) auch mit »Leben« oder »Mensch« übersetzt. Diese ganzheitliche Auffassung vom Menschen (enge Verbindung von Körper und Seele) deckt sich weitgehend mit der schon im Urchristentum vorhandene Vorstellung einer leiblichen Auferstehung, und einer leib-seelischen Einheit bei den Auferstandenen im Jenseits. Die Auferstehung Jesu wird als »Wiederaufnehmen« der zuvor »hingegebenen«

Psyche verstanden. (Siehe Joh. 10.17f. und WIKIPEDIA, Die freie Enzyklopädie.)

Im Folgenden werden Aussagen des »Neuen Testamentes«, welche zur Beurteilung bezüglich der Existenz der Seele und ihrer Unsterblichkeit von Bedeutung sind, wörtlich aufgeführt. Hierbei werden nur die Aussagen der vier Evangelisten, Matthäus, Markus, Lukas und Johannes, in deren Evangelien aufgelistet, da nur dort direkte Äußerungen von Jesus, die er während seines Wirkens als Messias gemacht hat, und die zugleich von mehreren Personen gehört wurden, wiedergeben werden.

Evangelium nach Matthäus:

In Mt. 17.3 heißt es: *Da erschienen plötzlich vor ihren Augen Mose und Elija und redeten mit Jesus.*

In Mt. 19.21 heißt es: *Wenn du vollkommen sein willst, geh, verkauf deinen Besitz und gib das Geld den Armen, so wirst du einen bleibenden Schatz im Himmelreich haben.*

In. Mt. 22.30ff heißt es: *Denn nach der Auferstehung werden die Menschen nicht mehr heiraten, sondern sein wie die Engel im Himmel. Habt ihr im Übrigen nicht gelesen, was Gott über die Auferstehung der Toten mit den Worten gesagt hat: Ich bin der Gott Abrahams, der Gott Isaaks, und der Gott Jakobs. Er ist doch nicht der Gott der Toten, sondern der Gott der Lebenden.*

In Math. 25.46 heißt es: *Und sie werden weggehen und die ewige Strafe erhalten, die Gerechten aber das ewige Leben.*

In Mt. 26.64 heißt es: *Du hast es gesagt. Doch ich erkläre euch: Von nun an werdet ihr den Menschensohn zur Rechten der Macht sitzen und auf den Wolken des Himmels kommen sehen.*

In Mt. 28.6 heißt es: *Er ist nicht hier: Denn er ist auferstanden, wie er gesagt hat.*

In Mt. 28.20 heißt es*: Seid gewiss: Ich bin bei euch alle Tage bis zum Ende der Welt.*

Evangelium nach Markus:

In Mk. 3.29 heißt es*: Wer gegen den Geist lästert, dem wird in Ewigkeit nicht vergeben, sondern seine Sünde wird ewig auf ihm lasten.*

In Mk. 8.33 heißt es*: Weg mit dir, Satan! Denn du hast nicht das im Sinn, was Gott will, sondern was die Menschen wollen.*

In Mk. 9.4 heißt es*: Und es erschien ihnen Elija und mit ihm Mose, und sie redeten mit Jesus.*

In Mk.9.13 heißt es*: Elija ist schon gekommen, aber sie haben mit ihm gemacht, was sie wollten, wie über ihn geschrieben steht.*

In Mk. 9.33 heißt es*: Der Menschensohn wird den Menschen ausgeliefert und sie werden ihn töten; doch drei Tage nach seinem Tod wird er auferstehen.*

In Mk. 10.6-9 heißt es*: Am Anfang der Schöpfung hat Gott sie als Mann und Frau geschaffen. Darum wird der Mann Vater und Mutter verlassen, und die zwei werden ein Fleisch sein. Sie sind also nicht mehr zwei, sondern eins. Was Gott aber verbunden hat, das darf der Mensch nicht trennen.*

In Mk. 10.27 heiß es*: Für Menschen ist das unmöglich, aber nicht für Gott; denn für Gott ist alles möglich.*

In. Mk. 10.34 heißt es*: Sie werden ihn verspotten, anspucken, auspeitschen und töten. Aber nach drei Tagen wird er auferstehen.*

In Mk. 11.25 heißt es*: Und wenn ihr beten wollt und habt einem anderen etwas vorzuwerfen, dann vergebt ihm, damit der Vater im Himmel auch euch eure Fehler vergibt.*

In Mk. 12.24-27 heißt es*: Daran zeigt sich, dass ihr euch irrt. Ihr kennt weder die Schrift noch die Macht Gottes. Denn wenn sie von den Toten auferstehen, werden sie nicht mehr heiraten, sondern wie die Engel im Himmel sein. Dass aber die Toten auferweckt werden – habt ihr das nicht im Buch des Mose gelesen, wo Gott zu ihm sprach: Ich* *bin der Gott Abrahams, der Gott Isaaks und der Gott Jakobs. – Er ist doch nicht ein Gott der Toten, sondern der Lebenden. Ihr irrt euch sehr.*

In Mk. 13.27 heißt es*: Und er wird die Engel aussenden und die Auserwählten aus allen vier Windrichtungen zusammenführen, vom Ende der Erde bis zum Ende des Himmels.*

In Mk. 14.25 heißt es*: Ich werde nicht mehr von der Frucht des Weinstockes trinken bis zu dem Tag, an dem ich von neuem davon trinken werde, im Reich Gottes.*

In Mk. 14.62 heißt es*: Ich bin es. Und ihr werdet den Menschsohn zur Rechten der Macht sitzen und mit den Wolken des Himmels kommen sehen.*

In Mk. 15.44f. heißt es*: Pilatus war erstaunt zu hören, dass Jesus schon gestorben war. Er ließ den Hauptmann kommen und fragt ihn, ob Jesus bereits tot sei. Als der Hauptmann ihm das bestätigte, überließ er Josef den Leichnam.*

In Mk. 16.6 heißt es*: Ihr sucht Jesus von Nazareth den Gekreuzigten, er wurde auferweckt, er ist nicht hier.*

In Mk. 16.9 heißt es*: Als Jesus am frühen Morgen des ersten Wochentages auferstanden war, erschien er zuerst Maria aus Magdala, aus der er sieben Dämonen ausgetrieben hatte.*

In Mk. 19.12 heißt es: *Darauf erschien er in anderer Gestalt zweien von ihnen, als sie unterwegs waren und auf das Land gehen wollten.*

In Mk. 16.14 heißt es*: Als die Elf bei Tisch waren, erschien ihnen Jesus und tadelte ihren Unglauben und Starrsinn, weil sie denen nicht glaubten, die ihn nach seiner Auferweckung gesehen hatten.*

In Mk. 16.15f. heißt es*: Geht hinaus in die ganze Welt und verkündet der gesamten Schöpfung das Evangelium. Wer glaubt und sich taufen lässt, wird gerettet, wer aber nicht glaubt, wird verurteilt werden.*

In Mk. 16,19 heißt es*: Nachdem Jesus der Herr, dies zu ihnen gesagt hatte, wurde er in den Himmel aufgenommen und setzte sich zur Rechten Gottes.*

Evangelium nach Lukas:

In Lk. 1.33 heißt es*: Er wird über das Haus Jakob in Ewigkeit herrschen, und seine Herrschaft wird kein Ende haben.*

In Lk. 9.24 heißt es*: Denn wer sein Leben retten will, wird es verlieren, wer aber sein Leben um meinetwillen verliert, wird es retten.*

In Lk. 9.30 heißt es*: Und plötzlich redeten zwei Männer mit ihm. Es waren Mose und Elija.*

In Lk. 12.4-5 heißt es*: Fürchtet euch nicht vor denen, die den Leib töten. Fürchtet euch vor dem, der nicht nur töten kann, sondern die Macht hat, euch auch noch in die Hölle zu werfen.*

In Lk. 12.32 heißt es*: Fürchte dich nicht du kleine Herde! Euer Vater hat beschlossen, euch das Reich zu geben.*

In Lk. 12.33 heißt es*: Verschafft euch einen Schatz im Himmel, der nicht abnimmt.*

In Lk. 13.28 heißt es*: Ihr aber werdet heulen und mit Zähnen knirschen, wenn ihr seht, dass Abraham, Isaak und Jakob und alle Propheten im Reich Gottes sind, ihr selber aber ausgeschlossen seid.*

In Lk. 16.16-18 heißt es*: Bis zu Johannes hatte man nur das Gesetz und die Propheten. Seitdem wird das Evangelium vom Reich Gottes verkündet, und alle drängen sich danach. Eher werden Himmel und Erde vergehen, als dass auch nur der kleinste Buchstabe vom Gesetz wegfällt. Wer seine Frau aus der Ehe entlässt und eine andere heiratet, begeht Ehebruch; auch wer eine Frau heiratet, die von ihrem Mann aus der Ehe entlassen wurde, begeht Ehebruch.*

In Lk. 16.22-26 heißt es*: Als nun der Arme starb, wurde er von den Engeln zu Abraham getragen und erhielt einen Platz an seiner Seite. Auch der Reiche starb und wurde begraben. In der Unterwelt, wo er von Schmerzen gepeinigt wurde, blickte er auf und sah von weitem Abraham und an seiner Seite Lazarus. Da rief er: Vater Abraham, hab Erbarmen und schick Lazarus zu mir; er soll seinen Finger ins Wasser tauchen und meine Zunge kühlen, denn ich leide große Qual in diesem*

Feuer. Abraham erwiderte: Mein Kind, denk daran, dass du im Leben schon alles Gute bekommen hast, Lazarus aber nur Schlechtes. Jetzt wird er dafür getröstet, du aber musst leiden. Außerdem ist zwischen uns und euch ein tiefer Abgrund, sodass niemand von hier zu euch und von dort zu uns kommen kann.

In Lk. 17.26-27 heißt es*: Und wie es zur Zeit Noach war, so wird es auch in den Tagen des Menschsohnes sein. Sie aßen und tranken und heirateten bis zu dem Tag, als Noach in die Arche stieg; dann kam die Flut und vernichtete alle.*

In Lk. 18.32f. heißt es*: Er wird den Heiden ausgeliefert, wird verspottet, misshandelt und angespuckt werden, und man wird ihn auspeitschen und töten. Aber am dritten Tage wird er auferstehen.*

In Lk. 20.34-38 heißt es*: Nur in dieser Welt heiraten die Männer und die Frauen. Die aber gewürdigt worden sind, an jener Welt und an der Auferstehung teilzuhaben*, *heiraten nicht. Sie können dann auch nicht mehr sterben, weil sie den Engeln gleich und durch die Auferstehung zu Söhnen Gottes geworden sind. Dass aber die Toten auferweckt werden, hat schon Mose durch die Stelle vom Dornbusch angedeutet, wo er den Herrn den Gott Abrahams, den Gott Isaaks und den Gott Jakobs nennt. Er ist doch kein Gott von Toten, sondern von Lebenden. Für ihn sind alle lebendig.*

In Lk. 21.16-19 heißt es*: Sogar Eltern und Brüder, Verwandte und Freunde werden euch ausliefern, und manche von euch wird man töten. Und ihr werdet um meines Namens willen von allen gehasst werden. Und doch wird euch kein Haar gekrümmt werden. Bleibt standhaft und ihr werdet das Leben gewinnen.*

In Lk. 21.27 heißt es*: Dann wird man den Menschensohn mit großer Macht und Herrlichkeit auf einer Wolke kommen sehen.*

In Lk. 22.69f. heißt es*: Von nun an wird der Menschensohn zur Rechten des allmächtigen Gottes sitzen. Da fragten alle: Du bist also der Sohn Gottes. Er antwortete ihnen: Ihr sagt es, ich bin es.*

In Lk. 23.43 heißt es*: Jesus erwiderte ihm. Amen, ich sage dir: Heute noch wirst du mit mir im Paradies sein.*

In Lk. 23.52f heißt es*: Er ging zu Pilatus und bat um den Leichnam Jesu. Und er nahm ihn vom Kreuz, hüllte ihn in Leinen und legte ihn in ein Felsengrab, in dem noch niemand bestattet worden war.*

In Lk. 24.5-7 heißt es*: Was sucht ihr den, der lebt bei den Toten. Erinnert euch an das, was er gesagt hat, als er noch in Galiläa war. Der Menschensohn muss den Händen der Sünder ausgeliefert werden, und am dritten Tage auferstehen.*

In Lk. 24.31 heißt es*: Da gingen ihnen die Augen auf, und sie erkannten ihn, doch auf einmal war er nicht mehr zu sehen.*

In Lk. 24.36 heißt es*: Während sie noch redeten, stand er plötzlich in ihrer Mitte.*

In Lk. 24.51 heißt es*: Und während er sie segnete, trennte er sich von ihnen und wurde zum Himmel emporgehoben.*

Evangelium nach Johannes:

In Joh.3.18 heißt es*: Wer an ihn glaubt, wird nicht gerichtet, wer nicht glaubt, ist schon gerichtet, weil er nicht an den Namen des einzigen Sohnes Gottes geglaubt hat.*

In Joh. 3.36 heißt es*: Wer an den Sohn glaubt, hat das ewige Leben, aber wer dem Sohn nicht gehorcht, wird das Leben nicht schauen, sondern Gottes Zorn bleibt bei ihm.*

In Joh. 4.24 heißt es*: Gott ist Geist, und alle, die ihn anbeten, müssen ihn im Geist und in der Wahrheit anbeten.*

In Joh. 5.21 heißt es*: Denn wie der Vater die Toten erweckt und lebendig macht, so macht auch der Sohn lebendig, wen er will.*

In Joh. 5.25 heißt es*: Am, Amen ich sage euch. Die Stunde kommt und jetzt ist sie da, in der die Toten die Stimme des Gottessohns hören werden.*

In Joh. 5.28f. heißt es*: Wundert euch nicht: Die Stunde kommt, in der alle, die in den Gräbern sind, seine Stimme hören werden. Und alle,* *die das Gute getan haben, werden herauskommen zur Auferstehung des Lebens, aber alle, die das Böse getan haben, zur Auferstehung des Gerichts.*

In Joh. 6.39 heißt es*: Der Wille dessen aber, der mich gesandt hat, verlangt, dass ich keinen von denen, die er mir gegeben hat, verliere, sondern dass ich sie auferwecke am Letzten Tag.*

In Joh. 5.47 heißt es*: Amen, Amen, ich sage euch: Wer glaubt, hat das ewige Leben.*

In Joh.8.51 heißt es*: Amen, Amen, ich sage euch, wenn jemand an meinem Wort festhält, wird er den Tod nicht schauen in Ewigkeit.*

In Joh. 8.56 heißt es*: Euer Vater Abraham jubelte, weil er meinen Tag sehen sollte.*

In Joh. 10.30 heißt es*: Ich und der Vater sind eins.*

In Joh. 10. 38 heißt es*: Aber wenn ich sie tue, dann glaubt den Werken, wenn ihr schon mir nicht glaubt; dann werdet ihr erkennen und einsehen, dass der Vater in mir ist, und ich im Vater bin.*

In Joh. 11.25f. heißt es*: Ich bin die Auferstehung und das Leben, wer an mich glaubt, wird leben, auch wenn er stirbt, und jeder, der lebt, und an mich glaubt, wird in Ewigkeit nicht sterben.*

In Joh. 14.9-11 heißt es*: Jesus antwortete ihm: Schon so lange bin ich bei euch, und du hast mich nicht erkannt, Philippus? Wer mich gesehen hat, hat den Vater gesehen; wie kannst du sagen, zeig uns den Vater? Glaubst du nicht, dass ich im Vater bin und der Vater in mir ist? Die Worte, die ich zu euch sage, rede ich nicht von mir aus. Der Vater, der in mir ist, tut seine Werke.*

In Joh. 17.5 heißt es*: Vater, verherrliche du mich jetzt bei dir mit der Herrlichkeit, die ich bei dir hatte, bevor die Welt war.*

In Joh. 18. 37 heißt es*: Pilatus sagte zu ihm: Also bist du doch ein König? Jesus antwortete: Du sagst es; ich bin ein König. Ich bin dazu geboren und in die Welt gekommen, dass ich für die Wahrheit Zeugnis ablege. Jeder, der aus der Wahrheit ist, hört meine Stimme.*

In Joh. 19.33f. heißt es: *Als sie zu Jesus kamen und sahen, dass er schon tot war, zerbrachen sie ihm die Beine nicht, sondern ein Soldat stieß mit der Lanze in seine Seite, und sogleich floss Blut und Wasser heraus.*

In Joh. 20.14ff. heißt es: *Nach diesen Worten wandte sie sich um, und sah Jesus dort stehen, aber sie wusste nicht, dass es Jesus war. Jesus sagte zu ihr: Frau, warum weinst du? Sie meinte, es sei der Gärtner, und sagte zu ihm: Herr, wenn du ihn weggetragen hast, sag mir, wohin du ihn gelegt hast, damit ich ihn holen kann. Jesus sagte zu ihr: Maria! Da wandte sie sich um und sagte auf Hebräisch zu ihm: Rabbuni (Meister). Jesus sagte zu ihr: Halte mich nicht fest: denn ich bin noch nicht zum Vater gegangen.*

In Joh. 20. 21 heißt es: *Jesus sprach noch einmal zu ihnen: Friede sei mit euch! Wie mich der Vater gesandt hat, so sende ich euch. Nach diesen Worten hauchte er sie an und sprach zu ihnen: Empfanget den heiligen Geist. Allen, denen ihr die Sünden erlasst, sind sie erlassen; allen, denen ihr sie nicht erlasst, sind sie nicht erlassen.*

In Joh. 20.27f. heißt es: *Darauf sagte er zu Thomas: Lege deinen Finger hierher und sieh meine Hände, nimm deine Hand und lege sie in meine Seite und sei nicht ungläubig, sondern gläubig! Thomas antwortete ihm: Mein Herr und ein Gott!*

h) die Kirchenväter:

Bereits im 2. Jahrhundert haben die Vertreter des Christentums sich auch mit den damals verbreiteten philosophischen Auffassungen über die Seele auseinandergesetzt. Im Zentrum der diesbezüglichen Überlegungen stand natürlich das Geschehen um Jesus, der am Kreuz starb und nach drei Tagen zum neuen Leben auferweckt worden ist. Wie die Platoniker und alle späteren Kirchenväter nahmen die Kirchenväter bereits zu diesem Zeitpunkt eine Fortexistenz der Seele bzw. des Geistes nach dem Tode an. Aber wegen der

Auferstehungslehre bestanden sie auf einer Verbindung von Leib und Seele auch im Jenseits. Dies war für Platoniker ausgeschlossenen. Justin der Märtyrer verwarf die platonische Lehre, wonach die Seele von Natur aus unsterblich sei. Er meinte, sie sei ihrer eigenen Natur nach vergänglich und nur durch Gottes Willen unsterblich. Tatian bezeichnete die Seele als zusammengesetzt. Er unterschied zwischen einer von Natur aus sterblichen Seele (Psyche), welche auch Tiere haben (denen er sogar Verstand zusprach), und einem unsterblichen Geist (pneuma) des Menschen. In der Schrift über die Auferstehung der Toten aus dem 2. Jahrhundert, die vielleicht von Athenagoras von Athen stammt, wird behauptet, die Auferstehung des Leibes und seine Wiedervereinigung mit der Seele sei notwendig. Die Verbindung der Seele mit dem Körper wäre zwecklos, wenn sie nur auf die Dauer des irdischen Lebens beschränkt bliebe. Dies sei auszuschließen, denn unter Gottes Werken und Gaben könne nichts Unnützes sein. Daher müsse auch die Verbindung der beiden Bestandteile des Menschen sinnvoll und somit auf Dauerhaftigkeit angelegt sein. (Siehe WIKIPEDIA, Die freie Enzyklopädie; Werner Dahlheim, Die Welt zur Zeit Jesu.)

Auch Bischof Irenäus von Lyon, der sich in der Mitte des 2. Jahrhunderts als theologischer Schriftsteller betätigte, vertrat die Ansicht, dass die Seele nach dem Tode des Körpers dessen Merkmale und Form behalte. Sie begebe sich in die Unterwelt (Hades), die sie erst zur Zeit der künftigen Auferstehung verlassen werde. Bei der Auferstehung erhalte sie wiederum ihren Leib. Irenäus bekämpfte die christlichen Gnostiker, welche die Seele für präexistent hielten und eine Seelenwanderung annahmen. Er ging davon aus, dass der natürliche Mensch aus Leib und Seele zusammengesetzt sei und der Geist Gottes in die Seele eintrete und sich mit ihr verbinde. Tertullian wandte sich scharf gegen die griechische Philosophie. Er betrachtete die Seele als materiell (feinstofflich, licht- und luftartig) und schrieb ihr eine Gestalt zu, die derjenigen des Körpers entspreche. Die Seele könnte auch keine Auswirkungen körperlicher Zustände erleben, sofern sie nicht selbst körperlich sei. Die Seele sei auch von Natur aus unsterblich und hinsichtlich ihrer Substanz einheitlich und Seelenteile gebe es nicht. Nach seiner Auffassung ginge bei der Zeugung die Seele aus dem Samen des Vaters hervor und daher sei jede Menschenseele ein Zweig aus Adams Seele. Durch die Übertragung elterlicher Seelensubstanz auf das Kind würde auch die Erbsünde übertragen. Diese Lehre des Traduzianismus fand manche Befürworter, da sie eine Erklärung bezüglich des Übergreifens der Erbsünde abgab. Sie wurde aber später von der kath. Kirche verworfen. Dies wohl zu Recht, denn etwas Unsterbliches und Immaterielles kann nicht aus Ei und Samenzelle, welche ja materielle Teile sind, hervorgehen. (Siehe WIKIPEDIA, Die freie Enzyklopädie; Das Jahr Tausend Buch 1 – 1000, Hrsg. ADAC Verlag, München und Bertelsmann Lexikon Verlag GmbH. Gütersloh)

Clemens von Alexandria war von der platonischen und stoischen Denkweise beeinflusst. Er hielt die Seele für feinstofflich, aber für relativ unkörperlich. Er unterschied auch zwei Seelenteile, die Vernunftseele und einen niederen vernunftlosen Teil (emotionale und vegative Funktion). Für ihn wurde der vernunftlose Seelenteil durch die Fortpflanzung im Sinne des Generatianismus erworben. Die

Vernunftseele trete dann noch hinzu. Die Seele würde dann im Hades auf die Auferstehung des Leibes warten. (Siehe WIKIPEDIA, Die freie Enzyklopädie; Das Jahr Tausend Buch 1 – 1000, Hrsg. ADAC Verlag München und Bertelsmann Lexikon Verlag GmbH. Gütersloh).

Ein Schüler des Clemens war Origenes. Nach seiner Ansicht war der geistige Teil der Seele unkörperlich. Nur in diesem Fall könne sie Unsichtbares und Unkörperliches erkennen und über ein Gedächtnis verfügen. Wäre die Seele körperlich, müsste ihr auch eine bestimmte sinnlich wahrnehmbare Substanz als Objekt zugeordnet sein, wie dies bei den körperlichen Sinnen der Fall sei. Origenes nahm eine Präexistenz der Seele an. Ihm wurde später von den Gegnern unterstellt, dass auch er die Seelenwanderung gelehrt habe. Origenes erwog auch, dass im Menschen zwei Seelen gegeben sein könnten, eine präexistente himmlische und daneben eine niedere irdische, die bei der Zeugung entstehe (siehe WIKIPEDIA, Die freie Enzyklopädie).

Laktanz vertrat als erster klar und nachdrücklich den Kreatianismus. Dies ist eine dem Traduzianismus entgegengesetzte Lehre. Der Kreatianismus hat sich später in der kath. Kirche durchgesetzt. Im Kreatianismus wird die Auffassung vertreten, dass die Seele weder vor der Zeugung bereits existiere noch durch die Fortpflanzung von den Eltern empfangen werde. Die Seele werde vielmehr zum Zeitpunkt der Empfängnis unmittelbar von Gott geschaffen und in den Körper eingefügt. Auch Hieronymus vertrat diese Auffassung. Augustinus schwankte hingegen. Er brachte für den Kreatianismus einerseits Verständnis auf, andererseits sah er nicht die Möglichkeit, eine solche Erschaffung der Seelen mit der Erbsünde zu vereinbaren. Er war für die Einheit der Seele und gegen die platonische Lehre von Seelenteilen. Allerdings sah auch er in Anlehnung an die aristotelische Tradition eine Stufung der Seele in rationale Seele ((Seelenfunktion mit Geist (mens) und Willen)), in irrationale Seelenfunktion (mit Trieb, Sinneswahrnehmung und Gedächtnis) und nur lebende Seelenfunktion (vegetative) als gegeben. Er war aber stets um einen Nachweis der Unkörperlichkeit und der Immaterialität der Seele bemüht. Eine dreiteilige Anthropologie der Seele mit Körper, Seele und Geist wurde von Bischof Apolinaris vertreten. Er berief sich hierbei auf eine Paulus-Stelle. Seine Auffassung, dass Christus eine menschliche »Psyche« gehabt habe, jedoch an die Stelle des menschlichen »nous« der göttliche »logos« getreten sei, wurde später von der Kirche verurteilt (siehe WIKIPEDIA, Die freie Enzyklopädie).

i) das Mittelalter:

Im Mittelalter orientierte sich die die kath. Seelenlehre vor allem an der Auffassung des Augustinus, dessen Ansichten vom Kirchenschriftsteller Claudianus Mamertus im Traktat »De statu animae« und von Cassiodores in »De anima« zusammengefasst worden sind. Besonders stark vom Platonismus beeinflusst war der irische Philosoph Johannes Scottus Eriugena, welcher meinte, dass der Mensch nicht einen Intellekt habe, sondern dessen wahres und höchstes Wesen nichts anderes als der Intellekt sei. Die menschliche Seele betrachtete er als einen Aspekt der Weltseele. Im 12. Jahrhundert griffen auch einige Theologen, insbesondere Abaelard, Wilhelm von Conches und Thierry von Chartres die Idee einer Weltseele auf und identifizierten dieselbe mit dem Heiligen Geist. Diese Auffassung erregte allerdings Anstoß. Sie wurde auf Betreiben von Bernhard von Clairvaux von der Kirche verurteilt. Andere Theologen des 12. Jahrhunderts (z.B. Robert von Melun und der Augustiner Chorherr, Hugo von St. Viktor) waren der Ansicht, dass das Person sein des Menschen allein der Seele zukomme. Diese sei der eigentliche Mensch. Die Gegenposition, wonach nicht die Seele, sondern nur der Mensch als Person bezeichnet werden könne, wurde von Gilbert von Poitres und seinen Schülern vertreten. Dieser Standpunkt setzte sich schließlich durch. Die meisten Theologen waren damals der Meinung, die Unsterblichkeit der Seele ließe sich philosophisch nicht beweisen und sei nur aus der biblischen Offenbarung abzuleiten (siehe WIKIPEDIA, Die freie Enzyklopädie).

Die von Jakob von Venedig angefertigte lateinische Übersetzung von Aristoteles' Schrift »De Anima« wurde im frühen 13. Jahrhundert an den Universitäten ein grundlegendes Lehrbuch. Die Auffassung, dass das aristotelische Seelenverständnis sich nur sehr schwer mit dem Unsterblichkeitskonzept vereinbaren ließ, wurde als Problem gesehen. Dabei ging es um die Frage, ob die Seele eine wesenhaft selbständige Substanz sei, die die vollständige Natur einer Spezies in sich trage. Dies meinten die platonisch denkenden Gelehrten. Die Gegenposition im Sinne der von Aristoteles gegebenen Definition war, dass die Seele bloß als Form des Körpers nur ein Teil des Menschen sei. Es wurde mitunter die Konsequenz gezogen, dass die Idee, die Seele sei zusammengesetzt aus Form und geistiger Materie, aufzulassen wäre. Damit sei ihre Eigenständigkeit gegenüber dem Körper zu untermauern (Roger Bacon, Bonaventura). Die aristotelische Gegenposition wurde vom Dominikaner, Thomas von Aquin, unter Berücksichtigung der Unsterblichkeit, so konsequent als möglich vertreten. Sein Standpunkt war, die Seele sei die einzige Form des Körpers. Damit unterstrich er die Zusammengehörigkeit von Seele und Körper. Diese Auffassung wurde Kernbestandteil des von ihm begründeten Thomismus. Die gegenteilige Position, im Menschen gebe es eine Mehrzahl von Formen und der Körper habe unabhängig von der Seele eine eigene Form, wurde insbesondere von den Franziskanern vertreten, darunter Bonaventura und Johannes Duns Scotus. Manche Philosophen, ausgehend von den Ansichten Augustinus', meinten wiederum, die Seele sei für sich selbst ein unmittelbar zugängliches Erkenntnisobjekt. Daher sei die zuverlässigste Erkenntnis, die sie besitzen könne, die intuitive Selbsterkenntnis. Über diese verfüge sie ohne dass sie hierfür die Hilfe eines von anderswoher empfangenen Erkenntnisbildes bedürfe. Nach der Thomas von Aquin vertretenen gegenteiligen Auffassung gelange die Seele jedoch nur indirekt zur Selbsterkenntnis, nämlich durch einen Akt, der sich auf ein äußeres Erkenntnisobjekt richte. Auf diese Weise erhalte sie ein Erkenntnisbild. Die Erkenntnisgewinnung geschehe dann diskursiv und reflexiv durch Rückwendung der Seele auf sich selbst. In Bezug auf die Außenwelt wurde diskutiert, inwieweit die Seele alles »Seiende« sei. Dies wurde damit begründet, dass die Seele fähig wäre, die Erkenntnisbilder alles Erkennbaren aufzunehmen und in sich zu tragen. Es wurde auch behauptet, dass die Seele angeborene Erkenntnisbilder der Außenweltobjekte besäße. Zudem bestehe eine Ähnlichkeits- oder Analogiebeziehung zwischen der Seele und den Außenweltobjekten. Insoweit umfasse die Seele die gesamte

Wirklichkeit, da sie dieselbe abbilde (siehe WIKIPEDIA, Die freie Enzyklopädie).

Turbulent verliefen die Auseinandersetzungen um den Averroismus. Der muslemische Philosoph Averroes, fand als Aristoteles Kommentator in der kath. Welt viel Beachtung. An Aristoteles anknüpfend lehrte er, dass es nur einen einzigen universellen Intellekt gebe. Daher sei in allen Menschen ein und derselbe Intellekt tätig. Damit wurde aber das individuelle Fortleben der vernunftbegabten Seele nach dem Tode in Zweifel gezogen. Dies führte zu heftigen Reaktionen mancher Theologen und der kirchlichen Obrigkeit. In averroistisch beeinflussten Kreisen war die Überzeugung verbreitet, dass die Tätigkeit des Intellekts das Merkmal sei, das den Menschen zum Menschen mache. Wer den Intellekt vernachlässige, könne daher nur in einem uneigentlichen Sinne Mensch genannt werden. Auch Albert der Große betonte, der Mensch sei seinem Wesen nach identisch mit dem Intellekt. Dagegen wurde jedoch eingewendet, dass nach Aristoteles die Körpermaterie zur Wesens- und Begriffsbestimmung des Menschen gehöre. Besonders Thomas von Aquin bekämpfte die Gleichsetzung des Menschen – als Art oder auch als Individuum – mit der Seele. Die Formulierung, dass der Mensch Intellekt sei, akzeptierte er nur in einer stark abgeschwächten Auslegung (siehe WIKIPEDIA, Die freie Enzyklopädie).

Intensiv wurden im Spätmittelalter Fragen diskutiert, die sich das Verhältnis des Intellekts zur Seele oder die Funktion des Intellekts in der Seele bezogen. An neuplatonische Ideen anknüpfend bezeichnete Dietrich von Freiberg den tätigen Intellekt als begründenden Ursprung des Wesens der Seele. Dieses Konzept wurde von Meister Eckhart abgewandelt. Er betonte, der Seelengrund sei nicht der tätige Intellekt an der Seele, sondern in der Seele. Dieses Fünklein sei in gewisser Hinsicht ungeschaffen und unerschaffbar und damit zur Gotteserkenntnis befähigt. Diese bleibe jedoch allem Geschaffenen prinzipiell verschlossen, weil Gott ungeschaffen und damit von allem Geschaffenen absolut verschieden sei. Ein weiterer Themenbereich bei den spätmittelalterlichen Philosophen war die Beschaffenheit der Tierseele. Hierbei ging es um die Frage nach den mentalen Fähigkeiten der Tiere (Gelehrigkeit, Vorstellungskraft, Gedächtnis, zweckmäßiges Handeln, Verständigung über innere Zustände durch Lautäußerungen, deren Bedeutung erfasst wird). Den Tieren wurde anstelle des menschlichen Verstandes eine »Einschätzungskraft« zugeschrieben. So erkenne ein Schaf den Wolf auch dann als Feind, wenn es zuvor nie einen Wolf gesehen habe. Ebenso würden Tiere wissen, welche Nahrung für sie bekömmlich ist. Diskutiert wurde auch, inwieweit bei Tieren eine freie Wahlentscheidung vorkomme (siehe WIKIPEDIA, Die freie Enzyklopädie).

»Die faktische Gleichsetzung der Person mit der Seele fand in den Begriffen wie »Seelenheil« und »Seelsorge« Ausdruck. Das Gebet für das Heil der »armen Seelen« Verstorbener im Fegefeuer war in der Volksfrömmigkeit verwurzelt. Es wurde eifrig betrieben und bildete insbesondere eine wichtige Aufgabe für die Mönche. Zur allgemeinen Fürbitte für die Seelen im Fegefeuer wurde der Gedenktag Allerseelen eingeführt, der in der kath. Kirche alljährlich am 2. November begangen wird (siehe WIKIPEDIA, Die freie Enzyklopädie.).

j) die Neuzeit:

In der Neuzeit ist die Seelenlehre der Kirchenväter sowohl auf katholischer wie auch auf evangelischer Seite bis in die Moderne vorherrschend geblieben. In der evangelischen Theologie kam es schon in der Reformationszeit zur Neuinterpretation einzelner Aspekte. Nachdem diverse Philosophen Argumente gegen die herkömmliche Unsterblichkeitslehre vorgebracht hatten, reagierte die kath. Kirche auf dem Fünften Laterankonzil mit einer dogmatischen Definition, die am 19. Dezember 1513 von den Konzilsvätern beschlossen wurde. Dort schrieb das Konzil die individuelle Unsterblichkeit der menschlichen Seele als verbindliche Glaubenswahrheit fest. Der Konzilstext drückte die Überzeugung aus, es handle sich um eine nicht nur geoffenbarte, sondern auch auf natürlichem Wege mittels der Vernunft einsehbare Tatsache; gegenteilige Meinungen seien nicht nur theologisch, sondern auch philosophisch unhaltbar. Der Philosoph Pietro Pompanazzi vertrat allerdings die Ansicht, die Unsterblichkeit der Seele sei eine bloße Glaubenswahrheit und philosophisch nicht bewiesen. Die lehramtliche Festlegung des Fünften Laterankonzils ist jedoch auch heute noch ein fester Bestandteil der kath. Dogmatik. Auch hinsichtlich der Entstehung der Seele und ihrer Verbindung mit dem Körper steht die kath. Kirche in der antiken und mittelalterlichen Tradition. So stellte Papst Pius XII. in der Enzyklika Humani generis (12. August 1950) fest, dass die Seelen unmittelbar von Gott geschaffen werden und der kath. Glaube dies festzuhalten habe. Damit wende sich die Kirche gegen den Traduzianismus. Die traditionelle Lehre wurde 2005 im Katechismus der Katholischen Kirche bekräftigt. Dort heißt es, die Geistseele komme nicht von den Eltern, sondern werde unmittelbar von Gott geschaffen und sei unsterblich. Sie gehe nicht zugrunde, wenn sie sich im Tod vom Leibe trenne. Auf evangelischer Seite wandte sich Martin Luther gegen die aristotelische Bestreitung der Unsterblichkeit der Seele. Gleichzeitig lehnte er aber auch das Dogma des Fünften Laterankonzils ab. Ihm missfiel die Vorstellung des Thomismus und der Konzilsväter, dass die Seele unabhängig vom Leib erschaffen und in diesen eingegossen werde. Eine solche Anthropologie könne die erbsündliche Verdorbenheit des ganzen Menschen nicht erklären. Er nahm an, dass die Seele nicht von außen in den Leib eingefügt werde, sondern Gott wirke sie von innen heraus durch seinen belebenden Atemhauch und sein allmächtiges Wort. Der Reformator Johannes Calvin vertrat eine stark platonisch geprägte Seelenlehre und betrachtete den Körper als Gefängnis der Seele. Er sah die Seele als immaterielle und unsterbliche Substanz, die durch den Tod vom Körper befreit werde (siehe WIKIPEDIA, Die freie Enzyklopädie.).

k) die Moderne:

In der Moderne haben jedoch manche evangelischen Theologen einen radikalen Bruch mit der herkömmlichen Seelenlehre vollzogen. Sie bestreiten die Existenz der Seele als eigenständige Substanz und damit ihre Trennbarkeit vom Leib und somit auch ihre Unsterblichkeit. Nach deren Auffassung stirbt die Seele zusammen mit dem Körper. Sie bilde mit diesem eine unauflösliche Einheit. Bei der künftigen Auferstehung erfolge somit nicht eine Wiederverbindung der ununterbrochenen fortexistierenden Seele mit dem auferstandenen Körper, sondern es geschehe die Auferweckung des ganzen Menschen. Diese Lehre ist als Ganztodtheorie bekannt. Zu ihren Vertretern zählen Paul Althaus, Emil Brunner, Eberhard Jüngel, Jürgen Moltmann und Oscar Cullmann. Die dem Ganztod-Konzept zugrundeliegende Denkweise hat auch auf kath. Seite teilweise insofern Zustimmung gefunden, indem sie eine reale Trennung von Leib und Seele verneint. So schrieb Johann Baptist Metz 1964 im kath. Lexikon für Theologie und Kirche über den Menschen. Katholische Theologen, die den Gedanken der Ganzheitlichkeit des Menschen betonen, meinen, der Mensch als Leib-Seele-Einheit sterbe als ganzer. Sie unterscheiden sich aber von den evangelischen Ganztod-Befürwortern durch ihre Ansicht, der Tod sei nicht als gänzliche Auslöschung zu verstehen. Kritiker der Ganztodtheorie bringen vor, bei erfolgtem Ganztod gebe es keine Kontinuität zwischen dem geschichtlichen und dem auferstandenen Menschen. Bei einer Auferstehung aus dem Nichts wäre der Auferweckte somit ein neues Subjekt. Daher werde eine unsterbliche Seele als Träger der Kontinuität des menschlichen Ichs benötigt. In seinem Buch, Jesus von Nazareth, Zweiter Teil, führt auch Joseph Ratzinger, Benedikt der XVI. auf Seite 299 wie folgt aus: »*Wir können die Auferstehung als so etwas wie einen radikalen »Mutationssprung« ansehen, in dem sich eine neue Dimension des Lebens des Menschseins auftut.*« Auf Seite 300 wird weiter ausgeführt: »*Wesentlich ist, dass mit der Auferstehung Jesu* nicht irgend ein einzelner Toter irgendwann einmal revitalisiert wurde, sondern dass in der Auferstehung ein ontologischer, das Sein als solches berührender Sprung geschah, dass eine Dimension eröffnet wurde, die uns alle angeht und die für uns alle einen neuen Raum des

Lebens, des Mitseins mit Gott geschaffen hat.« (Siehe, Joseph Ratzinger, Benedikt XVI. in Jesus von Nazareth, Zweiter Teil; WIKIPEDIA, Die freie Enzyklopädie.)

l) der Koran:

Im Koran findet sich das Wort rüh, das ursprünglich »Atem« oder »Wind« bedeutet und dann religiös den Hauch oder Atem, den Gott einbläst, um dem Körper, das Leben zu verleihen. Außerdem bezeichnet rüh im Koran auch eine besondere kognitive Qualität, die Gott auserwählten Geschöpfen verleiht und im übertragenen Sinne den damit ausgestatteten göttlichen Botschaftern. Seit der Epoche der Ummayyaden wird rüh oft gleichbedeutend mit nafs als Bezeichnung für die menschliche Seele verwendet. Mache Autoren legen allerdings Wert auf die Unterscheidung dieser beiden Begriffe. Im Koran steht, dass Gott die Seelen im Schlaf aus den Körpern austreten lässt und danach zurückschickt. Über rüh wird im Koran festgestellt: Ar-rüh gehört zu der Fügung meines Herrn. Aber ihr habt nur wenig Wissen erhalten. Daraus ergibt sich aus theologischer Sicht, dass das Wesen der Seele geheimnisvoll und normaler menschlicher Erkenntnis weitgehend entzogen ist. Namhafte muslimische Philosophen wie al-Kindi, al-Farabi und Avicenna gingen von der aristotelischen Seelenlehre aus, waren aber auch von der neuplatonischen Metaphysik beeinflusst. Wie frühere muslimische Denker übernahm Avicenna aus der aristotelischen Tradition den Begriff des aktiven Intellekts und verband ihn mit einer neuplatonischen Emanationslehre, welche die Seele auf den Geist (Nous) zurückführt. Im aktiven Intellekt sah er das universelle Prinzip, das dafür sorgt, dass der menschliche Intellekt aus Potentialität zum Akt übergeht. Der aktive

Intellekt gibt dem Intellekt des Menschen die intelligiblen Formen ein, durch welche Wissen konstituiert wird. Die Sinneswahrnehmung kann die Aufnahme der Formen nicht herbeiführen, sie disponiert nur dazu. In Avicennas Modell geht die Seele aus dem aktiven Intellekt hervor; sie ist immateriell unzerstörbar, unsterblich und nicht notwendigerweise an den Körper gebunden. Nach seiner Überzeugung könnte ein Mensch in gesundem Zustand, wenn er zeitweilig nichts von seinem Körper wahrnehmen könnte, seine eigene Identität als Selbst oder Seele nicht leugnen, auch wenn ihm sonst nichts bekannt wäre (siehe WIKIPEDIA, Die freie Enzyklopädie).

Der persische Philosoph Abu Bakr Muhammad-e-Zakariyä-ye-Räz führte den Eintritt der Seele in die materielle Welt auf ihre Unwissenheit zurück. Sie habe das Dasein im Körper erleben wollen, und Gott habe es ihr nicht verwehrt, sondern den verhängnisvollen Schritt zugelassen, damit sie aus eigener Erfahrung lernen und schließlich die unzuträgliche Umgebung verlassen könne. Der einflussreiche Theologe al-Ghazali meinte, der Islam bestätige zwar die Existenz der Seele als eine eigenständige Substanz. Dabei handle es sich jedoch um eine Glaubenswahrheit und die Philosophen seien nicht in der Lage, einen philosophischen Beweis hierfür zu erbringen. Er hielt die Seele für eine unkörperliche, rein spirituelle Substanz, die über Wissen und Wahrnehmung verfüge. Diese Auffassung wurde zwar von manchen Philosophen geteilt, hat sich aber in der islamischen Theologie nicht durchsetzen können. Die traditionell dominierende Ansicht ist die gegenteilige, die der prominente Theologe ibn-al-Qayyim am ausführlichsten dargelegt hat. In seinem Buch über die Seele (kit´a`bar-rüh) argumentierte er, dass die Seele, wenn sie unkörperlich wäre, keine Beziehung zum Räumlichen und Körperlichen haben könnte. Sie sei materiell, wenn auch von anderer Beschaffenheit als der physische Körper, und stelle einen eigenständigen Körper dar. Nach der Lehre des von al-Ghazali beeinflussten Theologen Fachr ad-Din ar-Razi ist nafs die unsterbliche individuelle Seele, rüh, eine feinstoffliche Materie im Körper, die zwischen nafs und den grobstofflichen Körperorganen vermittelt (siehe WIKIPEDIA, Die freie Enzyklopädie).

Hinsichtlich der Präexistenz der Seelen gingen die Meinungen auseinander. Nach einer verbreiteten Auffassung, die u. a. der spanische Gelehrte Ibn-Hazm vertrat, sind die Seelen aller Menschen schon vor Adams Sündenfall erschaffen worden, sie waren an einem Himmelsort, bis sie in einen Embryo eingesetzt wurden bzw. werden. Andere Theologen nahmen einen späteren Erschaffungszeitpunkt an. Unter den Philosophen gab es Anhänger der auf antiker Tradition fußenden Auffassung, dass es eine Weltseele (an-nafsu'l-kulliyya) gebe und die menschlichen Seelen deren Ausfluss seien und an ihr teilhätten. Dieser Meinung war schon al-Kind und später der berühmte Sufi ibn Arabi. Seit dem Mittelalter befassten sich die Theologen – vor allem die Sufis und vom Sufismus beeinflussten Autoren – mit der Seele in erster Linie unter dem Gesichtspunkt der Triebhaftigkeit. Für die Seele als triebhafte Instanz wird stets die Bezeichnung nafs verwendet. Die Triebseele gilt als schlimmster Feind des Menschen, da sie ihn mit ihrer Unwissenheit, Sprunghaftigkeit und unersättlichen Gier ins Verderben bringe. Daher wird gefordert, ihr nicht nachzugeben, sondern sie zu verachten und streng zu disziplinieren. Im Laufe der Disziplinierung soll sie geläutert werden, sich zunehmend von körperlichem Genuss abwenden und sich in den Dienst des Geistes stellen (siehe WIKIPEDIA, Die freie Enzyklopädie).

m) René Descartes:
In der Neuzeit bekam die Debatte um die menschliche Seele durch die Naturphilosophie und Metaphysik von René Descartes neu Impulse. Alle Vorgänge, die nicht nur beim Menschen, sondern auch bei Tieren ablaufen, hielt er für seelenlos und rein mechanisch. Die Tiere hätten keine Seele. Die Seele identifizierte er ausschließlich mit dem Geist (mens), dessen Funktion nur das Denken sei. Nach Descartes' Auffassung habe man zwischen der durch ihre räumliche Ausdehnung gekennzeichneten Materie und der ausdehnungslosen denkenden Seele zu unterscheiden. Das denkende Subjekt könne sich nur von seiner eigenen Denktätigkeit unmittelbar Gewissheit verschaffen. Damit könne es einen Ausgangspunkt der Natur- und Welterkenntnis gewinnen. Der Körper sei ein Teil der Materie und lasse sich vollständig im Rahmen der Mechanik erklären, während die denkende Seele als immaterielle Entität sich einer solchen Erklärung entzieht. Die Seele ist für Descartes eine reine unveränderliche Substanz und daher von Natur aus unsterblich. Descartes' zentrales Argument lautet, man könne sich klar und deutlich vorstellen, dass sich das Denken als seelischer Vorgang unabhängig vom Körper vollziehe. Alles, was man sich klar und deutlich vorstellen könne, sei zumindest theoretisch auch möglich, es könne von Gott entsprechend eingerichtet worden sein. Wenn es zumindest theoretisch auch möglich sei, dass Seele und Körper unabhängig voneinander existieren, so müsse es

sich um verschiedene Entitäten handeln (siehe WIKIPEDIA, Die freie Enzyklopädie).

n) Anne Conway:

Anne Conway vertrat hingegen die Auffassung, dass die Verbindung von Seele und Körper nicht einsichtig sei, denn eine Interaktion von Seele und Körper – wie z.B. geistige Kontrolle und Schmerzempfinden – setze voraus, dass sie gemeinsame Eigenschaften aufweisen. Daher nahm Conway nur eine einzige Substanz im Universum an. Nach ihrem System seien Materie und Geist nicht absolut verschieden, sondern zwei Erscheinungsformen der einen Substanz; daher könnten sie ineinander übergehen. Die Cambridger Platoniker machten die Verteidigung der individuellen Unsterblichkeit der Seele zu ihrem Hauptanliegen. Sie wandten sich sowohl gegen die Vorstellung eines Aufgehens der Einzelseele in einer umfassenden Einheit als auch gegen das materialistische Konzept eines Endes der Persönlichkeit mit dem Tod (siehe WIKIPEDIA, Die freie Enzyklopädie).

o) Gottfried Wilhelm Leibnitz:

Gottfried Wilhelm Leibnitz ging von immateriellen Seelen aus. Allerdings ging er nicht vom Gegensatz Denken und Materie aus, sondern er sah den Unterschied zwischen der Fähigkeit, Vorstellungen zu haben, und dem Nichtvorhandensein dieser Fähigkeit. Er verwarf daher die These, dass Tiere Maschinen seien, und vertrat die Auffassung, dass zumindest manche Tiere eine Seele hätten, da sie ein Gedächtnis besäßen. Er schrieb daher nicht nur den menschlichen, sondern auch den Tierseelen eine individuelle Fortexistenz nach dem Tode zu (siehe WIKIPEDIA, Die freie Enzyklopädie).

p) Immanuel Kant:

Immanuel Kant hielt es für unmöglich, auf theoretischer Ebene die Existenz einer unsterblichen Seele zu beweisen oder zu widerlegen. Er war nicht gegen die Annahme einer unsterblichen Seele. Er bestritt nur deren Beweisbarkeit. Eine empirisch erforschbare Seele schrieb Kant auch den Tieren zu, wobei er auf Analogien zwischen Mensch und Tier verwies. Allerdings vertrat auch er die Auffassung, dass die menschliche Seele unsterblich sei. Er führte weiter aus, dass die Seele nicht schon dann unsterblich sei, wenn sie nach dem Tode lebe und fortdauere, sondern nur dann, wenn sie dies ihrer Natur nach müsse. Letzteres sei anzunehmen, wenn man das moralische Subjekt als Wesen verstehe, dessen Wille durch das moralische Gesetz bestimmt werden könne (siehe WIKIPEDIA, Die freie Enzyklopädie).

q) Georg Wilhelm Friedrich Hegel:

Für Hegel ist die Seele kein »fertiges Subjekt,« sondern eine Entwicklungsstufe des Geistes. Hegel identifiziert sie mit dem passiven, rezeptiven Intellekt des Aristoteles, welcher der Möglichkeit nach Alles ist. Hegel wendet sich dezidiert gegen den neuzeitlichen Dualismus von Leib und Seele, somit gegen den cartesianischen Gegensatz zwischen immaterieller Seele und materieller Natur. Nach seiner Sicht ist die Seele die allgemeine Immaterialität der Natur. Daher ist sie stets auf die Natur bezogen. Sie ist nur dort, wo Leiblichkeit ist. In ihrer Entwicklung durchläuft die Seele die drei Stadien einer »natürlichen«, einer »fühlenden« und einer »wirklichen« Seele (siehe WIKIPEDIA, Die freie Enzyklopädie).

3. Interaktion zwischen Seele und Körper

Die Frage nach dem Sitz der Seele war in der Renaissance weiterhin aktuell. Averroistisch gesinnte Gelehrte waren der Meinung, der Intellekt sei nicht an einer bestimmten Stelle lokalisiert und habe kein eigenes Organ, sondern agiere im ganzen Körper. Als unpersönliche und unvergängliche Instanz sei er nicht an körperliche Funktionen gebunden. Gegen diese Auffassung wandten sich sowohl Thomisten wie auch nichtaverroistische Aristoteliker und von der Denkweise des Kirchenvaters Augustinus beeinflusste Humanisten. Für die Befürworter eines Seelenorgans kamen die Hirnventrikel in Betracht. Nach Descartes' dualistischem Konzept kann man die Seele nicht im Körper oder an irgendeinem Ort der materiellen Welt lokalisieren, doch müsse eine Kommunikation zwischen Seele und Körper an einem auffindbaren Ort stattfinden. Zeitweilig vermutete er diesbezüglich die Zirbeldrüse, was jedoch bald durch die Hirnforschung widerlegt wurde. Albert von Haller nahm wiederum an, dass das Seelenorgan über die gesamte weiße Hirnsubstanz verteilt wäre. Der Anatom Samuel Thomas Soemmerring vermeinte der Liquor cerebrospinales, der die Hirnnerven umspüle und verbinde, komme als Sitz in Frage. Unterstützung erhoffte er sich hierbei von Immanuel Kant, welcher jedoch das Vorhaben, einen Seelensitz zu finden, für verfehlt erklärte. Unter dem Einfluss neuer biowissenschaftlicher Entdeckungen entstanden monistische und materialistische Modelle, die ohne den Begriff der Seele auskommen. Für die Befürworter nichtmaterialistischer Modelle bleibt jedoch die Frage nach dem Ort der Interaktion von Geist und Körper weiterhin aktuell (siehe WIKIPEDIA, Die freie Enzyklopädie).

4. Auswirkung des Todes des menschlichen Körpers auf die Seele?

a) Sichtweise der kath. Kirche:

Die menschliche Seele ist nach ihrer Erschaffung hinsichtlich ihrer Existenz vom Körper unabhängig. Sie ist während der Dauer der Existenz desselben an diesen gebunden. Eine Trennung vom Körper erfolgt somit erst bei Eintritt des Todes des Körpers, und zwar des biologischen Todes desselben, da ab diesem Zeitpunkt eine Aufrechterhaltung und Reanimation des menschlichen Organismus nicht mehr möglich ist. Mit der Trennung der Seele vom menschlichen Körper wird aber gleichzeitig auch unwiderruflich entschieden, ob die Seele im Zeitpunkt dieser Trennung Gott als ihren Schöpfer anerkennt und ob sie ein von ihr zuvor allenfalls gesetztes Verhalten, das in schwerwiegender Weise von der ihr von Gott anlässlich ihrer Erschaffung gleichzeitig vorgegebener Verhaltensrichtschnur abweicht, aufrichtig bereut. Nur das zu diesem Zeitpunkt eingenommene Verhalten der Seele entscheidet über ihr weiteres Schicksal. Diese Auffassung wird im Grundsätzlichen auch vom Autor vertreten und wie folgt begründet.

b) Begründung der Existenz der menschlichen Seele nach dem Tode des Körpers:

In Genesis 3.19 heißt es: »*...bis du zurückkehrst zum Ackerboden/ von ihm bist du ja genommen / Denn Staub bis du, zum Staub musst du zurück.*«

In. Mt. 17.3 heißt es: »*Da erschienen plötzlich vor ihren Augen Mose und Elija und redeten mit Jesus.*«

In Math. heißt es: » *... Ich bin der Gott Abrahams, der Gott Isaaks und der Gott Jakobs! Er ist doch nicht der Gott der Toten, sondern der Gott der Lebenden.*«

In Mk. 9.4 heißt es: »*... und es erschienen Ihnen Elija und mit ihm Mose, und sie redeten mit Jesus.*«

In Mk. 12.27 heißt es: »... *er ist doch nicht der Gott der Toten, sondern der Lebenden ...*«

In Lk. 9.3 heißt es:»*... und plötzlich redeten zwei Männer mit ihm. Es waren Mose und Elija.*«

In Lk. 16.25-26 heißt es: »*... Mein Kind, denk daran, dass du im Leben schon alles Gute bekommen hast, Lazarus aber nur Schlechtes. Jetzt wird er dafür getröstet du aber must leiden ...*«

In Lk. 23.43 heißt es: »*... Amen, Amen, ich sage dir: Heute noch wirst du mit mir im Paradies sein ...*«

In Joh. 4.24 heißt es: »*Gott ist Geist, und alle, die ihn anbeten müssen ihn im Geist und in der Wahrheit anbeten.*«

In Joh. 5.47 heißt es: »*Amen, Amen ich sage euch: Wer glaubt hat das ewige Leben.*«

In Joh. 8.51 heißt es: »... *wenn jemand an meinem Wort festhält, wird er den Tod nicht Schauen in Ewigkeit.*«

In Joh. 10.30 heißt es: »*Ich und der Vater sind eins.*«

In Joh. 11.25 heißt es: »*Ich bin die Auferstehung und das Leben, wer an mich glaubt, wird leben, auch wenn er stirbt, und jeder, der lebt und an mich glaubt, wird in Ewigkeit nicht sterben.*«

In Joh. 14.9-11 heißt es: *»... Glaubst du nicht, dass ich im Vater bin und der Vater in mir ist?«*

c) Schlussfolgerung des Autors:
Die Aussage in Genesis 3.19, in welcher Gott dem Menschen den Tod ankündigt, kann im Zusammenhang mit den oben ebenfalls aufgelisteten Aussagen von Jesus, wie sie in den Evangelien wiedergegeben werden, nur dahingehend verstanden werden, dass mit der Rückkehr zum Ackerboden und Staub nur der menschliche Körper gemeint ist, denn nur dieser wurde dem Staub (Sternenstaub) bzw. »Ackerboden« entnommen. Wie es schon in Genesis 2.7 heißt, wurde der Mensch erst durch den Atem Gottes, der dem Menschen eingeblasen wurde, zu einem lebendigen Wesen. Da Gott Geist ist, wie es in Joh. 4.24 heißt, ist der Atem Gottes, der den Menschen zu einem lebendigen Wesen gemacht hat, ein Teil dieses Geistes und keinesfalls ein Teil der geschaffenen Substanz. Somit geht allein schon daraus hervor, dass der Mensch aus Materie und Geist besteht. Der Zerfall der Materie hat jedoch keinerlei Einfluss auf die Existenz des Geistes.

Aber auch aus den Aussagen in den Evangelien Mt. 17.3, Mk. 9.4, und Lk. 9.3, in denen übereinstimmend berichtet wird, dass die zu diesem Zeitpunkt längst verstorbenen Personen Elija und Mose erschienen und auch für die Apostel Petrus, Johannes und Jakobus sichtbar waren und für sie hörbar mit Jesus redeten, ist zwingend abzuleiten, dass die Seelen von Elija und Mose nicht vom Tode ihrer Körper erfasst worden sind. Es ist daher bewiesen, dass neben dem physischen Körper des Menschen ein »Etwas«

Bestand hat, das wir Seele nennen und das den Tod des Körpers überdauert und unter gewissen Umständen auch in der Lage ist, eine Kommunikation mit Menschen vorzunehmen, deren Körper noch nicht den Tod erlitten haben.

Der Autor weist darauf hin, dass er zur Beurteilung der Frage, ob es eine menschliche Seele gibt, die zudem beim Tod des menschlichen Körpers nicht dessen Schicksal teilt, sich vor allem auf Aussagen von Jesus stützt, die in den vier Evangelien wiedergegeben werden. Dies deshalb, weil Jesus, der von sich selbst behauptet – »Ich und der Vater sind eins« (Joh. 10.30) – wohl der einzige Mensch ist, der auch über das entsprechende Wissen verfügt, konkrete Aussagen über das Schicksal der Seele beim Tod des Körpers machen zu können. Die Aussagen in den vier Evangelien geben wieder, was die Jünger Jesu und somit Dritte von Jesus direkt gehört und gesehen haben. Dabei ist zu berücksichtigen, dass Jesus bei seinen Äußerungen wohl auch auf das damals gegebene naturwissenschaftliche Verständnis Rücksicht nahm, um von seiner Umgebung nicht von vornherein als völlig unglaubwürdig angesehen zu werden.

Die Aussagen im Koran wie auch die von Paulus insgesamt und von Johannes in der Apokalypse berufen sich wohl ebenfalls auf direkte oder indirekte Äußerungen Gottes. Diese dort wiedergegebenen Äußerungen waren jedoch zum Unterschied von den Aussagen Jesu von Dritten nicht direkt wahrnehmbar. Die Aussagen der Philosophen und Theologen, sowie auch jene, die von Konzilen und in Form päpstlichen Dogmen erfolgten, sind gutgemeinte Aussagen oder aus philosophischen Überlegungen gezogene Schlussfolgerungen. Naturwissenschaftliche Beweise konnten für die dort aufgestellten Behauptungen und Thesen bis dato allerdings nicht erbracht werden. Möglicherweise sind mit den diesbezüglichen Aussagen die beschriebenen Gegebenheiten richtig erkannt und auch zutreffend wiedergeben worden, allerdings gibt es keine Garantie dafür, dass dem auch so ist. Im Unterschied zu den von Jesus gemachten Äußerungen fehlt dort somit der Wahrheitsbeweis. Da Jesus Mensch und Gott zugleich ist und bereits vor Erschaffung der Welt mit Gott-Vater gemeinsam in dessen Herrlichkeit war (siehe Joh. 17.5), sind die von ihm gemachten Aussagen auch in Bezug auf die wirklichen naturwissenschaftlichen Gegebenheiten authentisch. Allerdings sind auch seine Äußerungen einer Interpretation zugänglich. An ihrer Richtigkeit gibt es jedoch keinen Zweifel. All jene, die in ihren Aussagen behaupten, dass alle Rede vom seelischen reduzierbar sei auf körperliche und neuronale Zustände, vermochten für die von ihnen aufgestellten Behauptungen und Thesen ebenso wenig einen naturwissenschaftlichen Wahrheitsbeweis zu erbringen wie die zuvor erwähnten Philosophen und Theologen für ihre gegenteiligen Ansichten. Der Beweis, dass alles Seelische reduzierbar sei auf körperliche und neuronale Zustände, ist auch weder jetzt noch in der Zukunft erbringbar, denn dies würde bedeuten, dass die Aussagen von Jesus nicht den tatsächlichen Gegebenheiten entsprechen und die auf seinem Leben und Wirken aufgebaute Religion lediglich eine »Fata Morgana« wäre.

Nunmehr besitzt die Menschheit allerdings eine Möglichkeit, mit welcher eine naturwissenschaftliche Überprüfung der einen oder anderen in Religion und Philosophie aufgestellten Behauptung denkbar sein könnte. Würde z. B. ein Mensch erfolgreich geklont, so steht fest, dass der Klon nicht durch Zeugung (Vereinigung von Ei und Samen) geschaffen wurde. Wenn nun der Klon neben den identen körperlichen Formen des Geklonten auch idente geistige Fähigkeiten und Ansichten des Geklonten besäße, so würde dann doch Einiges für die Richtigkeit der materialistischen Sichtweise in Bezug auf die Existenz (besser ausgedrückt einer Nichtexistenz) einer menschlichen Seele sprechen. Unterscheidet sich jedoch der Klon in geistiger Hinsicht wesentlich vom Geklonten dann wäre dies wohl ein wichtiger Hinweis für die Richtigkeit des platonischen bzw. cartesianischen Seelenbegriffes und somit für die Existenz einer menschlichen Seele.

Sollte durch die Klonung eines Menschen allerdings der naturwissenschaftliche Beweis erbracht werden können, dass wohl der Mensch aus Körper und Seele besteht, der Klon jedoch nur aus dem Körper, hätte dies zur Folge, dass der Geklonte wohl ein Mensch dem Aussehen nach wäre, einen durch den Atem Gottes »geheiligten« Körper besäße, er jedoch keine Seele hätte. Mit anderen Worten, der Klon befände sich auf der Ebene eines Tieres mit menschlichem Hirnniveau und »geheiligtem« Körper. Welche Folgen dies zeitigen könnte, ist kaum vorstellbar. Hier soll nur der Gedanke aufgegriffen werden, ob in diesem Falle der Klon nicht nur ein ideales »Ersatzteillager« für allenfalls vom Geklonten benötigte Organe abgeben würde oder ob dies sein »geheiligter« Körper verbieten würde. Dass Tiere keine dem Menschen ebenbürtige Seele besitzen, ist aus folgender Aussage in der Bibel abzuleiten.

In Genesis 9.3-4 (Gottes Bund mit Noach) heißt es: *Alles Lebendige, das sich regt, soll euch als Nahrung dienen ... Nur Fleisch, in dem noch Blut ist, dürft ihr nicht essen.«*
Allerdings heißt es in Genesis 9.6: *»Wer Menschenblut vergießt, dessen Blut wird durch Menschen vergossen ...«*
In Genesis 2.7 heißt es ferner: *Da formte der Herr den Menschen aus Erde vom Ackerboden und blies in seine Nase den Lebensatem. So wurde der Mensch zu einem lebendigen Wesen.«*

Würden Tiere eine dem Menschen ebenbürtige Seele haben, hätte Gott niemals wie in Genesis 9.3-4 festgehalten, dem Menschen mitgeteilt, dass alles Lebende, das sich regt (außer dem Menschen), der Menschheit als Nahrung dienen soll.

Bei der Klonung eines Menschen stellt sich auch die Frage, ob bei ihrer Verwirklichung allenfalls analog wie bei einer Verschmelzung von Samen und Eizelle auch der Atem Gottes, der dem Ersten Menschen eingeblasen wurde, als Teil des Geistes Gottes auch auf den Klon übertragen würde. Hierbei ist zu beachten, dass der Atem Gottes, mit welchem der Mensch erst zu einem lebendigen Wesen und zum Abbild Gottes wurde, nicht ident mit der Seele des Menschen ist, welche von Gott bei der Zeugung für jeden einzelnen Menschen neu geschaffen und dem werdenden Kind »eingepflanzt« wird. Eine eigene Seele wird der Klon wohl kaum von Gott erwarten dürfen. Allerdings darf nicht vernachlässigt werden, dass der Lebensatem Gottes, der symbolisch dem ersten Menschen stellvertretend für die ganze Menschheit eingeblasen wurde, bewirkt hat, dass der menschliche Körper zumindest eine gegenüber der Tierwelt hervorgehobene Position erhielt und durch den Erlösungsakt von Jesus auch Ausgangspunkt für Auferweckung und Gestaltung des überirdischen Körpers ist. Ferner wird der menschliche Körper bei all jenen, die zum Zeitpunkt des allgemeinen Gerichtes noch leben, direkt in den überirdischen Körper gewandelt. Da der Atem Gottes somit den irdischen Körper »geheiligt« hat, spricht zum Unterschied zur Seele kein Argument dagegen, dass nicht auch ein Klon einen in dieser Form »geheiligten« Körper erhielte. Ihm würde es allerdings an einer Seele mangeln.

Gemäß Laktanz (Begründer der Lehre des Kreatianismus) und der Lehre der kath. Kirche ist die Seele des Menschen weder vor der Zeugung in einer geistigen Welt existent noch wird sie vom Kind via Fortpflanzung von den Eltern empfangen. Die Seele wird vielmehr zum Zeitpunkt der Empfängnis von Gott geschaffen und in den neu entstehenden Körper eingefügt. In konsequenter Anlegung dieser Thesen auf den Klon muss man wohl zu dem Ergebnis gelangen, dass der Klon daher eine Zwischenstufe zwischen Mensch und Tier darstellen würde. Eine völlig künstliche Erzeugung eines Menschen, sollte es der Wissenschaft eines Tages tatsächlich gelingen, 10 Quadrilliarden Atome zu einem funktionalen Menschen zusammenzufügen, besäße hingegen weder eine Seele noch einen durch den Atem Gottes »geheiligten« Körper und stünde somit wohl eindeutig auf der Stufe eines Tieres.

Kapitel 3
Die menschliche Seele nach dem Tode des Körpers

1. Standpunkt des eliminativen Materialismus

Den einfachsten Lösungsansatz bietet hier der eliminative Materialismus, der davon ausgeht, dass alles, was es in der Wirklichkeit gibt, biologische Prozesse sind. Damit erübrigt sich jede Überlegung, ob ein Etwas des Menschen seinen biologischen Tod überdauert. Mit dem Tod des Menschen beginnt die Auflösung des gesamten Menschen in seinen Urzustand. Es werden somit nach und nach 10 Quadrilliarden Atome freigesetzt, die für andere Funktionen verfügbar werden.

2. Standpunkt des Funktionalismus

Traditionelle Materialisten räumen beim Menschen die Existenz von mentalen Zuständen ein, gleichzeitig wird jedoch erklärt, dass diese Zustände nichts anderes als materielle Zustände seien. Hierfür könne man auch den Begriff Seele verwenden. Diese Auffassung wird zum Teil auch als »Kohlenstoffchauvinismus« kritisiert, da damit das Bewusstsein an die Existenz eines organischen Nervensystems gebunden werde. Bewusste Lebensformen auf anorganischer Basis (etwa Silicium) würden dabei genauso konzeptionell ausgeschlossen wie bewusste künstliche Intelligenzen. Der Funktionalismus würde dabei missachtet. Dieser beruht auf einer Computeranalogie und besagt, dass eine »Software« durch verschiedene Computer realisiert werden könne. Die Software sei durch funktionale Zustände spezifiziert und könne durch verschiedene Systeme realisiert werden. Auf gleiche Weise seien mentale Zustände funktional zu begreifen. Das Gehirn biete somit nur eine von vielen möglichen Realisierungen. Solange jedoch auch das Bewusstsein als materielle Gegebenheit gesehen wird, ändert der Funktionalismus nichts daran, dass die Auflösung des Körpers, einschließlich des Gehirns, dem Bewusstsein die Möglichkeit einer weiteren Realisierung nimmt, dies analog einer Software, die auf einem einzigen Computer eingespeist ist und daher bei der Zerstörung desselben dessen Schicksal erleidet.

Geht man jedoch wie Richard Swinburne davon aus, dass eine Situation vorstellbar sei, in welcher der menschliche Körper zerstört werde, aber das Bewusstsein andauere, muss man wie er einräumen, dass dieses Etwas nicht physikalische Materie sein kann. Es müsse daher etwas Immaterielles geben, das wir Seele nennen. Damit wird jedoch die Auffassung eines rein materialistischen Standpunktes aufgegeben und zumindest der Idee nach zu einem cartesianischen Dualismus gewechselt. William D. Hart hat den cartesianischen Dualismus mit dem Argument verteidigt, dass wir uns vorstellen könnten, ohne Körper zu sein, jedoch gleichwohl unsere Akteurs Kausalität beizubehalten. Da Vorstellbares möglich sei, könnten wir selbst ohne Körper existieren und seien somit nicht notwendigerweise an Materielles gebunden. Aber auch wenn man dieser These folgt, stellt sich die Frage, wo die als unser Bewusstsein bezeichnete Seele sich nach dem Tod des Körpers befindet.

3. Bejahung der Existenz der Seele auch nach dem Tode des Körpers

a) Allgemein:

Bei allen Auffassungen, welche beim Menschen die Existenz seiner Seele auch nach dem Tode des Körpers bejahen, erhebt sich die Frage, wo sich der »Aufenthaltsort« dieser Seelen dann befindet und welche Aktionen von diesen Seelen unternommen werden oder unternommen werden können. Hierbei ist zu beachten, dass alle diesbezüglichen Theorien von einer Unkörperlichkeit der Seelen zumindest bis zur Wiedererlangung ihres neuen Körpers ausgehen. Zu beachten sind aber auch die naturwissenschaftlichen Erkenntnisse, dass unser Universum durch den Urknall aus der Singularität entstand und der sich hieraus bildende Raum dem Innern eines Ballons ähnlich ausdehnte und immer noch ausdehnt.

Ein **Geistwesen** oder einfach **Geist** ist nach einer weltweit verbreiteten Vorstellung ein immaterielles oder »feinstoffliches« Wesen. Dies gilt auch für die menschliche Seele insbesondere nach dem Tod des Körpers. Aber auch Gott und die Engel sind Geistwesen (siehe Joh. 4.24). Da Geistwesen nicht aus einer geschaffener Substanz unseres Universums bestehen und es Gott und die Engel bereits vor Erschaffung unseres Universums gab, hat für sie weder Raum noch Zeit noch die Begrenzung auf Dimensionen, die für sämtliche geschaffenen Substanzen unseres Universums Gültigkeit haben, eine Bedeutung.

b) Platon, Aristoteles, die Stoiker und das späte Judentum:
Weder Platon noch Aristoteles noch die Stoiker haben näher dargetan, wo sich die Geistseele des Menschen nach dem Tod ihres Körpers befindet und welche Handlungsmöglichkeiten ihr nach diesem Zeitpunkt konkret offenstehen. Im späten und hellenistischen Judentum wird die Fortexistenz der Seele mit einer leiblichen Auferstehung verbunden und ein Weltgericht beschrieben, in welchem die Toten nach ihren Werken gerichtet werden. Auch die Pharisäer glaubten an eine Auferstehung der Toten.

c) in den Evangelien des neuen Testaments:
Im Neuen Testament werden diverse Aussagen von Jesus, die mit der Weiterexistenz der Seelen in Zusammenhang stehen, wiedergegeben.

In Mt. 17.3 heißt es: »*Da erschienen plötzlich Mose und Elija und redeten mit Jesu.*«
Hieraus geht hervor, dass Seelen von Verstorbenen unter gewissen Umständen jedenfalls einen für Dritte (den Aposteln, Petrus, Johannes und Jakobus) wahrnehmbaren Körper annehmen und Gespräche führen können, die ebenfalls für Dritte wahrnehmbar sind. Ferner dass der Ort ihres Auftrittes vom Ort ihres Grabes verschieden ist.

In. Mt. 19.21 heißt es: »*... verkauf deinen Besitz und gib das Geld den Armen, so wirst du einen bleibenden Schatz im Himmelreich haben.*«
Hier wird von Jesus klar zum Ausdruck gebracht, dass es ein Himmelreich gibt. Wo dieses Reiches sich befindet, wird allerdings nicht näher definiert.

In Mt. 22.30ff. heißt es: *»Denn nach der Auferstehung werden die Menschen nicht mehr heiraten, sondern sein wie die Engel im Himmel. Habt ihr nicht gelesen, was Gott über die Auferstehung der Toten mit den Worten gesagt hat: Ich bin der Gott Abrahams, der Gott Isaaks und der Gott Jakobs. Er ist doch nicht der Gott der Toten, sondern der Gott der Lebenden.«*

Jesus legt hier einerseits klar dar, dass es Engel und Himmel gibt, und andererseits, dass die Toten nach der Auferstehung den Engeln gleich im Himmel sein werden. Wo sich der Himmel befindet, wird auch hier nicht näher definiert.

In Mt. 25.46 heißt es: *Und sie werden weggehen und die ewige Strafe erhalten und die Gerechten aber das ewige Leben.*

Hier bringt Jesus zum Ausdruck, dass die Toten sich bewegen können, nämlich zum Antritt der ewigen Strafe oder des ewigen Lebens. Nähere Ausführungen, wo diese Orte sind und was dort konkret geschieht, werden auch hier nicht gemacht.

In Mk. 3.29 heißt es:*«Wer gegen den Geist lästert, dem wird in Ewigkeit nicht vergeben, sondern seine Sünde wird ewig auf ihm lasten.«*

Da nur die Existenz der Seele den Tod des Körpers überdauert, kann die vorerwähnte Aussage von Jesus nur dahingehend verstanden werden, dass die Seele ewig existent bleibt, aber auch die Sünde gegen den Geist, die sie begangen hat, ewig auf ihr lastet.

In Mk. 12.25 heißt es: *»... dann vergebt ihm, damit der Vater im Himmel auch euch eure Fehler vergibt.«*

Auch hier bekundet Jesus eindeutig, dass der Aufenthalt von Gott im Himmel ist. Er bestätigt somit die Existenz des Himmels, lässt aber offen, wo sich dieser befindet und wie derselbe ausgestattet ist.

In Mk. 12.24-27 heißt es: *».... Denn wenn sie von den Toten auferstehen, werden sie nicht mehr heiraten, sondern wie die Engel im Himmel sein. Dass aber die Toten auferweckt werden, habt ihr das nicht im Buch des Mose gelesen, wo Gott zu ihm sprach: Ich bin der Gott Abrahams, der Gott Isaaks und der Gott Jakobs? Er ist doch nicht ein Gott der Toten, sondern der Lebenden ...«*
Mit dieser Aussage bestätigt Jesus, dass die Menschen im Himmel gleich den Engeln sein werden. Da die Engel Geistwesen sind, müssen auch die Menschen im Himmel Geistwesen sein, obwohl sie von den Toten auferweckt werden. Die Körper der Menschen, die sie bei der Auferstehung erhalten, können daher zum Unterschied von den irdischen Körpern nicht aus derselben »geschaffenen« Substanz wie unser Universum sein. Die uns bekannten Begriffe wie Raum, Zeit und Dimension treffen daher auf die Körper der auferweckten Menschen nicht mehr zu.

In Mk. 13.27 heißt es: *»Und er wird die Engel aussenden und die Auserwählten aus allen vier Windrichtungen zusammenführen, vom Ende der Erde bis zum Ende des Himmels.«*
Hier wird ausgesagt, dass auch der Himmel eine räumliche Ausdehnung hat, denn ansonsten könnte nicht vom Ende des Himmels die Rede sein.

In Mk. 16.29 heißt es: *»Nachdem Jesus der Herr dies zu Ihnen gesagt hatte, wurde er in den Himmel aufgenommen und setzte sich zur Rechten Gottes.«*

Auch hier wird der Himmel als ein Ort beschrieben, wo sich Gott aufhält.

In Lk. 12.4-5 heißt es: *»... Fürchtet euch vor dem, der nicht nur töten kann, sondern die Macht hat, euch auch noch in die Hölle zu werfen.«*
Auch aus dieser Aussage geht hervor, dass die Seele den Tod des Körpers überdauert, denn es macht keinen Sinn nur den bereits toten Körper in die Hölle zu werfen. Zudem ergibt sich, dass es auch einen bestimmten »Ort« gibt, der als Hölle bezeichnet wird. Nähere Angaben hierzu fehlen auch diesbezüglich.

In Lk. 12.32 heißt es: *»... Euer Vater hat beschlossen, euch das Reich zu geben.«*
Mit dem Reich ist hier offensichtlich das Himmelreich gemeint. Nähere Angaben hierzu werden allerdings nicht gemacht.

In Lk. 12.33 heißt es: *»Verschafft euch einen Schatz im Himmel, der nicht abnimmt.«*
Auch hier wird der Himmel als ein Ort bezeichnet, wo ein Schatz nicht verrottet.

In Lk. 13.28 heißt es: *»Ihr aber werdet heulen und mit den Zähnen knirschen, wenn ihr seht, dass Abraham, Isaak und Jakob und alle Propheten im Reich Gottes sind, ihr aber ausgeschlossen seid.«*
Aus dieser Aussage geht hervor, dass jedenfalls Abraham, Isaak und Jakob sowie alle Propheten im Reich Gottes sich befinden, während andere davon ausgeschlossen sind und dadurch ein leidvolles Geschick ertragen müssen. Es geht aber auch hervor, dass das Reich Gottes bzw. der Himmel

sich unüberwindbar abgrenzt von jenem Ort, wo sich die Ausgeschlossenen befinden. Letztere jedoch wiederum wahrnehmen können, wer sich im Reich Gottes aufhält und wie es den Auserwählten dort ergeht.

In Lk. 16.22-26 heißt es: »...*Als nun der Arme starb, wurde er von den Engeln zu Abraham getragen und erhielt einen Platz an seiner Seite. Auch der Reiche starb und wurde begraben. In der Unterwelt, wo er von Schmerzen gepeinigt wurde, blickte er auf und sah von weitem Abraham und an seiner Seite Lazarus. Da rief er: Vater Abraham, hab Erbarmen und schick Lazarus zu mir; er soll seinen Finger ins Wasser tauchen und meine Zunge kühlen, denn ich leide große Qual in diesem Feuer. Abraham erwiderte: Mein Kind, denk daran, dass du im Leben schon alles Gute bekommen hast, Lazarus aber nur Schlechtes. Jetzt wird er dafür getröstet, du aber musst leiden. Außerdem ist zwischen uns und euch ein tiefer Abgrund, sodass niemand von hier zu euch und von dort zu uns kommen kann.*«
Mit dieser Aussage wird bestätigt, dass nach dem körperlichen Tod des Menschen seine Seele, bevor sie den neuen überirdischen Körper erhält, an einen Ort verbracht oder verwiesen wird, an welchem sie entweder Freude und Trost empfindet oder Leid und Qual erleidet. Hierbei ist es der Seele offensichtlich möglich, Geschehnisse, die an einem anderen Ort stattfinden, wahrzunehmen. Ferner ist sogar eine Kommunikation zwischen den Seelen der beiden Orte möglich. Allerdings besteht zwischen den beiden Orten ein unüberwindbares Hindernis, welches einen Wechsel vom einen Ort zum andern verhindert. Da diese Aussage von Jesus in Form eines Gleichnisses erfolgte, kann nicht mit Sicherheit gesagt werden, ob die drei in diesem Gleichnis genannten Personen in ähnlicher Form wie Moses und Elias sowie die Mutter Gottes ausnahmsweise bereits vor dem

allgemeinen Gericht den überirdischen Körper erhalten haben oder ob dieses »Gespräch« und die gegenseitige »Wahrnehmung« nicht nur zwischen den Seelen der Verstorbenen stattgefunden hat.

In Lk. 20.34-38 heißt es: *»... Sie können dann nicht mehr sterben, weil sie den Engel gleich und durch die Auferstehung zu Söhnen Gottes geworden sind.«*
Auch aus dieser Aussage geht hervor, dass der Verstorbene, der gewürdigt wird, an der Auferstehung teilzuhaben, zu einem den Engeln gleichenden Geistwesen wird und auch nicht mehr sterben kann. Jesus spricht hier aus, dass der auferweckte Mensch eine Form erhält, die den Engeln gleicht. Er spricht nicht von einer identen Form. Daher widerspricht diese Aussage nicht der Auffassung, dass bei der Auferstehung der Menschen diese wiederum einen Körper, jedoch einen überirdischen erhalten, der unsterblich ist. Hierdurch werden sie den Engeln gleich, aber nicht identisch mit diesen.

In Lk. 21.16-19 heißt es: *»... Bleibt standhaft und ihr werdet das Leben gewinnen.«*
Damit wird offensichtlich die weitere Existenz des das nach der Auferweckung und Verwandlung des verstorbenen Körpers in den überirdischen Körper und der dabei erfolgten Vereinigung mit der Seele verstanden.

In Lk. 22.69f. heißt es: *»Von nun an wird der Menschensohn zur Rechten des allmächtigen Gottes sitzen. Da fragten alle: Du bist also der Sohn Gottes. Er antwortete ihnen: Ihr sagt es, ich bin es.«*
In Lk. 10.38 heißt es: *»... Philippus wer mich gesehen hat, hat den Vater gesehen ... Glaubst du nicht, dass ich im Vater bin, und der Va-*

ter in mir ist. Die Worte, die ich zu euch sage, rede ich nicht von mir aus. Der Vater, der in mir ist, tut seine Werke.«
Mit diesen Aussagen bestätigt Jesus, dass er selbst Gott ist (siehe hierzu auch Joh. 10.30, wo Jesus die Aussage macht, dass der Vater und er eins sind, sowie Joh. 17.5). Somit hat Jesus uneingeschränkte Kenntnis bezüglich sämtlicher Vorgänge des von ihm ja selbst erschaffenen Universums und des Schicksals des Menschen. Bei seinen Äußerungen ist jedoch zu berücksichtigen, dass diese gegenüber einem Personenkreis erfolgten, die eine viel begrenztere Kenntnislage bezüglich der gesamten Schöpfung hatten, als dies heute der Fall ist. Aber auch der heutigen Wissenschaft mangelt es noch an absolut gültigen Erkenntnissen hinsichtlich des naturwissenschaftlichen Zustands unseres Universums und seiner Wirkungsvorgänge.
In Lk. 24.51 heißt es: *»Während er sie segnete, trennte er sich von ihnen und wurde zum Himmel emporgehoben.«*
Auch hier wird wiederum wörtlich auf den Himmel Bezug genommen. Diesbezüglich liegt allerdings keine Aussage von Jesus vor, sondern es wird lediglich das Empfinden seiner Jünger hinsichtlich des diesbezüglichen Vorganges geschildert.

In Joh.4.24 heißt es: *»Gott ist Geist, und alle, die ihn anbeten, müssen ihn im Geist und in der Wahrheit anbeten.«*
Auch aus dieser Aussage geht hervor, dass Gott unkörperlich ist und nicht aus irgendeiner Substanz, die durch den Urknall aus der Singularität freigesetzt worden ist und unser Universum bildet, besteht.
In Joh. 5.28f. heißt es:« *.. .Die Stunde kommt, in der alle, die in den Gräbern sind, seine Stimme hören werden. Und alle, die das Gute*

getan haben, werden herauskommen zur Auferstehung des Lebens, aber alle, die das Böse getan haben, zur Auferstehung des Gerichts.«

In Joh. 6.39 heißt es: »*Der Wille dessen aber, der mich gesandt hat, verlangt, dass ich keinen von denen, die er mir gegeben hat, verliere, sondern, dass ich sie auferwecke am Letzten Tag.«*

Hier erklärt Jesus, dass zur gegebenen Stunde alle, die in den Gräbern sind, seine Stimme hören werden. Da zu diesem Zeitpunkt die Körper der in den Gräber Liegenden sich längst durch den erlittenen biologischen Tod in Staub (Atome), aus dem sie entstanden sind, aufgelöst haben, kann nur die Seele, die bis zum biologischen Tode mit dem jeweiligen Körper verbunden war, seine Stimme hören und sie wird dann herauskommen und sowohl zur Auferstehung des Lebens wie auch zur Auferstehung des Gerichts den neuen überirdischen und unsterblichen Körper erhalten, mit dem sich die Seele dann für immer verbindet. Aus welcher Substanz, wenn überhaupt aus einer Substanz, dieser Körper besteht, vermögen wir derzeit nicht zu beurteilen, da uns jedwede naturwissenschaftlichen Kenntnisse bezüglich allem, was sich außerhalb unseres von Gott geschaffenen Universums befindet, fehlen.

In Joh. 5.47 heißt es: *»Amen, Amen, ich sage euch: Wer glaubt, hat das ewige Leben.«*

In Joh. 8.51 heißt es: »... Wenn jemand an meinem Wort festhält, wird er den Tod nicht schauen in Ewigkeit.«

Aus diesen Aussagen ergibt sich zweifelsfrei, dass alle, die glauben, das ewige Leben haben. Das heißt, dass deren Seele, sowie der mit ihr vereinigte neue überirdische Körper nicht mehr sterben wird.

d) Schlussfolgerung:

Wird davon ausgegangen, dass die zuvor aus dem Text der vier Evangelien des Neuen Testamentes aufgelisteten Äußerungen zumindest sinngemäß tatsächlich von Jesus herrühren, so kann es keinen Zweifel darüber geben, dass der einzelne Mensch aus Körper und Seele besteht und die Existenz der Seele auch nach dem biologischen Tod des Körpers als gegeben erachtet werden muss. Allerdings konnte in diesen Aussagen keine absolut verlässliche Abgrenzung gefunden werden, welche Einzelfunktionen des Menschen von seiner Seele gesteuert und daher von dieser zu verantworten sind und welche Funktionen des Körpers lediglich biologischen Ursprungs sind und sich dadurch allenfalls der Kontrolle durch die Seele entziehen. Sagen lässt sich wohl eindeutig, dass sämtliches willentliches Handeln und Unterlassen des Menschen, ausschließlich von der ihm innewohnenden Seele entschieden und gesteuert werden. All dies wird daher beim besonderen Gericht von der Seele und beim allgemeinen Gericht von der Seele vereint mit dem auferweckten Körper vor Gott zu verantworten sein. Keine Aussagen lassen sich in den vier Evangelien in Bezug auf den Sitz der Seele im Körper und die Funktionsweise der Interaktion zwischen Seele und Körper finden. Auch was den konkreten Aufenthaltsort der Seele anbelangt, kann aus dem Text der Evangelien nur wenig entnommen werden. Da Mose und Elija mit Jesus zusammentrafen und mit ihm redeten und sie hierbei von den Aposteln Petrus, Johannes und Jakobus gesehen und gehört wurden, müssen zumindest deren Seelen zu diesem Zeitpunkt sehr wohl existent gewesen sein und sie müssen auch über einen für die vorgenannten drei Apostel sichtbaren Körper verfügt haben, sowie über eine Stimme, die hörbar war. Etwas konkreter ist zwar die Aussage von Jesus im Gleichnis von Abraham, Lazarus und dem Reichen. Sie befinden sich hier an zwei unterschiedlichen Orten, möglicherweise auch nur Dimensionen, allerdings voneinander unüberwindbar getrennt. Sie können einander allerdings sehen und hören. Da es sich hier um ein Gleichnis handelt, ist es sehr schwierig festzuschreiben, ob nur ihre Seelen miteinander kommunizierten, ohne dass sie über irgendeine Art vom Körper verfügt haben. Obwohl der Reiche über eine Art von Schmerzen geklagt hat, die kaum von einer bloß unkörperlichen Seele empfunden werden könnten, sollte man nicht vorschnell annehmen, dass auch hier schon der überirdische Körper gegeben war. Die geschilderte Art der Beschwerden des Reichen hätten wohl auch kaum von einem überirdischen immateriellen Körper empfunden werden können.

4. Verhalten der menschlichen Seele im Jenseits

a) Standpunt der christlichen Kirchen:

Die Apologeten des 2. Jahrhunderts nahmen zwar wie die Platoniker und alle späteren Kirchenväter eine Fortsetzung der Seele bzw. des Geistes nach dem Tode an, bestanden aber wegen der Auferstehungslehre auf eine Verbindung von Leib und Seele auch im Jenseits. Justin der Märtyrer meinte, die Seele sei ihrer Natur nach vergänglich und nur durch Gottes Willen unsterblich. In der Schrift über die Auferstehung der Toten aus dem 2. Jahrhundert, welche möglicherweise von Athenagoras von Athen stammt, wird die Wiedervereinigung der Seele mit dem Leib als notwendig angesehen. Auch Bischof Irenäus von Lyon vertrat den

Standpunkt, dass die Seele nach dem Tod des Körpers dessen Form und Merkmale behalte. Sie begebe sich in die Unterwelt (Hades – wo sich dieser Ort räumlich befinden soll wird nicht gesagt), die sie erst zur Zeit der künftigen Auferstehung verlassen werde. Bei der Auferstehung erhalte sie wieder ihren Leib. Tertullian betrachtete die Seele als materiell (feinstofflich, licht- und luftartig) und schrieb ihr eine Gestalt zu, die derjenigen des Körpers entspreche. Clemens von Alexandria hielt die Seele ebenfalls für feinstofflich, aber als unkörperlich. Auch er vertrat die Auffassung, dass die Seele im Hades auf die Auferstehung des Körpers warte. Origenes (ein Schüler von Clemens) nahm eine Präexistenz der Seele an und vertrat die Auffassung, dass der Mensch aus einer »Dreiheit«, und zwar aus Körper, Seele und Lebensgeist, bestehe. Laktanz vertrat dann als erster den Kreatianismus, welcher besagt, dass die Seele zum Zeitpunkt der Empfängnis unmittelbar von Gott geschaffen und in den Körper eingefügt werde. Augustinus war stets um einen Nachweis der Unkörperlichkeit und der Immaterialität der Seele bemüht. Er vertrat den Standpunkt, dass die Seele nach dem Tod sogleich vor Gottes Gericht komme. Es sei dem Menschen bestimmt, nur ein einziges Mal zu sterben, worauf das Gericht folge. Er berief sich hierbei auf den Paulus Brief an die Hebräer (Hebr. 9.27 – *Und wie es ist dem Menschen bestimmt ist, ein einziges Mal zu sterben, worauf dann das Gericht folgt.)* Dieses Gericht heiße das besondere Gericht, weil dort jeder Mensch besonders gerichtet werde. Dieses besondere Gericht sei auch zu unterscheiden vom allgemeinen oder Weltgericht, welches am Jüngsten Tag stattfinde. Dort würden alle Menschen miteinander gerichtet. Jeder Mensch müsse bei Gericht Rechenschaft ablegen über alles, was er im Leben gedacht, gesagt und getan habe, aber auch darüber, was er in Gedanken, Worten und Werken unterlassen habe zu tun. Nach dem besonderen Gericht entscheide Gott, ob die Seele in den Himmel, in das Fegefeuer oder in die Hölle komme. Im besonderen Gericht werde über das ewige Schicksal der Seele entschieden. Gott werde jedem vergelten, wie es seine Taten verdienen. Augustinus bezieht sich hierbei auf den Paulus-Brief an die Römer (2.ff.) sowie auf die Stelle im Matthäus Evangelium (Mt. 5.26), wo es heißt: *»Amen, das sage ich dir: Du kommst von dort nicht heraus, bis du den letzten Pfennig bezahlt hast.«* In das Fegefeuer würden die Seelen jener kommen, die wohl in der Gnade Gottes sterben, aber noch nicht für alle »lässlichen« Vergehen, die sie während ihres Erdenlebens begingen, ausreichend Sühne geleistet haben.

b) Die Seelen im Purgatorium (Fegefeuer):

Wenn Augustinus weiter vermeint, dass die Seelen im Fegefeuer sich nach der Herrlichkeit Gottes sehnen und einerseits ein Leid dadurch ertragen müssen, dass ihr Streben, Gott aus unmittelbarer Nähe zu erleben und ihm nahe zu sein, nicht unmittelbar in Erfüllung geht, so ist dies durchaus verständlich. Allerdings werden und müssen diese Seelen auch große Freude darüber empfinden, dass sie während ihrer Erdenzeit im Großen und Ganzen den Willen Gottes, wenn auch nicht immer auf bestmögliche Art und Weise und in ausreichendem Umfange, erfüllt haben und dies auch von Gott im besonderen Gericht so gesehen wurde und sie nun Gewissheit haben, dass sie nach erfolgter Buße, als von Gott Auserwählte, im Himmel Einsitz nehmen werden. Eine nähere Angabe, wo sich räumlich das Fegefeuer und der Himmel befinde, wird auch von

Augustinus nicht gemacht. Wenn Augustinus ebenfalls vermeint, dass die Leiden im Fegefeuer schwerer seien als alle Leiden im Erdenleben, so mag er insoweit Recht haben, als die Sehnsucht der sich im Fegefeuer Befindenden nach der Nähe Gottes und den Eintritt in dessen Reich unendlich groß ist und sie den Zeitpunkt der diesbezüglichen Verwirklichung kaum erwarten können und dieses Abwarten eine sehr hohe Leidensfähigkeit von ihnen abfordert. Der Begriff Feuer kann in diesem Zusammenhang nur symbolisch gemeint sein. Einerseits ist bei Mt. 5.25 nur vom Gefängnis die Rede. Der Begriff Feuer kommt bei Lk. 16.22-26 im Zusammenhang mit Lazarus im Schoße Abrahams und dem Reichen vor. Der dort beschriebene Zustand scheint dauerhaft zu sein und nicht nur von vorübergehender Natur. Dort wird eher ein Zustand beschrieben, der die Hölle betrifft. Zu den dort beschriebenen Qualen wird später bei den Ausführungen zur Hölle näher Stellung genommen. Die sonstigen von Augustinus zum Fegefeuer aufgestellten Thesen erscheinen dem Autor durchaus schlüssig zu sein. Sie verstoßen weder gegen naturwissenschaftliche Erkenntnisse, da von der Läuterung im Fegefeuer nur unkörperliche Seelen und somit reine Geistwesen betroffen sind und Gott neben seiner übergroßen Barmherzigkeit auch ein gerechter Gott ist. Zudem ist die Fernhaltung dieser Seelen vom Reich Gottes nur vorübergehender Natur. Weiters hat die zeitliche Komponente bei Geistwesen nur eine sehr eingeschränkte Bedeutung, da für die nicht aus der Singularität entstandenen Wesen, auch wenn es sich bei ihnen auch um eine geschaffene Substanz handelt – Gott erschafft jede einzelne Seele – Raum und Zeit keine oder nur eine sehr begrenzte Gültigkeit haben. Letzteres deshalb, weil die Seele nicht selbstständig das Fegefeuer verlassen und Einsitz im Himmelreich Gottes nehmen kann.

b1) Standpunkt der christlichen Kirche zum Purgatorium nach Augustinus:

Im 6. Jahrhundert prägte Papst Gregor der Große die Vorstellung hinsichtlich des Fegefeuers. Die Lehre von der Läuterung von noch mit Sündenstrafen belasteten Seelen sieht die kath. Kirche in der Heiligen Schrift angedeutet und vor allem durch die gängige Gebetspraxis gerechtfertigt. Röm. Kath. Exegeten interpretieren die Aussage in 2. Makkabäer 12.43-45 – wo es heißt: »... *Hätte er nicht erwartet, dass die Gefallenen auferstehen werden, wäre es überflüssig und sinnlos gewesen, für die Toten zu beten. ... Dann ließ er die Toten entsühnen, damit sie von der Sünde befreit werden.«* – als Hinweis auf eine Sühne nach dem Tod. Im 12. Jahrhundert war die Vorstellung eines Fegefeuers in der Volksfrömmigkeit und vor allem in der Lehre des Thomas von Aquin theologisch völlig verankert. Eine Klärung zur Lehre vom Purgatorium (Fegefeuer ist eine etwas unglückliche Übersetzung) brachte die Konstitution Benedictus Deus (1336) DH 1000ff. worin festgehalten wird, dass die Seelen der Verstorbenen, die in der Rechtfertigungsgnade verschieden sind, unmittelbar und sofort, der himmlischen Seligkeit teilhaftig werden, während die Seelen derer, an denen noch kleinere Mängel haften, nach einem Läuterungs- und Reinigungsgeschehen ebenfalls der vollen Schau Gottes teilhaftig werden. Auch heute wird in der röm. Kath. Kirche daran festgehalten, dass die Lebenden den Verstorbenen durch Gebet, Mitfeiern der heiligen Messe und Taten der Nächstenliebe zu Hilfe kommen können. Im Kompendium des Katechismus der Kath. Kirche (KKKK Nr. 210f) heißt es: *Das*

Purgatorium ist der Zustand jener, die in der Freundschaft Gottes sterben, ihres ewigen Heils sicher sind, aber noch der Läuterung bedürfen, um in die himmlische Seligkeit eintreten zu dürfen. Kraft der Gemeinschaft der Heiligen können die Gläubigen, die noch auf Erden pilgern, den Seelen im Purgatorium helfen, indem sie Fürbitten und besonders das eucharistische Opfer, aber auch Almosen, Ablässe und Bußwerke für sie darbringen. (Siehe zu den vorigen Ausführungen auch WIKIPEDIA – Fegefeuer). In den Ostkirchen (Orthodoxe Lehre) sind diese Gedanken der westlichen Theologie weitgehend unbekannt geblieben. Diese Ablehnung der Lehre des Purgatoriums war einer der Gründe für das letztliche Scheitern der versuchten Wiedervereinigung der Kirchen auf dem Zweiten Konzil von Lyon (1274) und dem Konzil von Florenz (1438/39). Die Orthodoxie kennt wohl das Gebet für die Seelen der Verstorbenen, aber es gibt keine offizielle Erklärung für eine diesbezügliche Wirksamkeit. In den evangelischen Kirchen wird die Vorstellung eines Läuterungsortes nach dem Tode abgelehnt. Die Hauptargumente hierfür sind die mangelnde biblische Bezeugung des Fegefeuers und die reformatorische Ansicht, dass der Mensch allein durch den Glauben vor Gott gerecht werde. Wenn die Sünder also durch ihren Glauben an den Kreuzestod Christi gerechtfertigt seien, könne Gott sie nicht noch für ihre Sünden in ein Fegefeuer schicken. Aus evangelischer Sicht schmälert die Lehre vom Fegefeuer das Opfer Jesu Christi am Kreuz in seiner allumfassenden sündenvergebenden Wirkung. Der Anglikanismus lehnt die Vorstellung der Existenz eines Fegefeuers als aus seiner Sicht dem Wort Gottes widersprechend ab. (Siehe zu den vorigen Ausführungen auch WIKIPEDIA – Fegefeuer).

b2) Schlussfolgerung zum Purgatorium insgesamt:
Nach menschlichem Gerechtigkeitsgefühl kann ein gerechter Gott es nicht zulassen, dass die Seelen aller Verstorbenen völlig unabhängig von dem während ihres Lebens von ihnen zu verantwortenden Tun und Unterlassen unmittelbar der Gnade Gottes in vollem Umfang teilhaftig werden, sofern sie nur in der Rechtfertigungsgnade – also nicht im Zustand einer schweren Sünde – den biologischen Tod erlitten haben. In diese Richtung deutet auch die Aussage Jesu, wie sie in Mt. 5.26 wiedergegeben wird. Allerdings hat Jesus auch gesagt *(Mt. 18.27)*: *« ... Der Herr hatte Mitleid mit dem Diener, ließ ihn gehen und schenkte ihm die Schuld.« und (Mt. 19.13ff.)« Da erwiderte er einem von ihnen: Mein Freund, hast du nicht einen Denar mit mir vereinbart. Nimm dein Geld und geh. Ich will dem Letzten ebenso viel geben wie dir. Darf ich mit dem, was mir gehört, nicht tun, was ich will? Oder bist du neidisch, weil ich zu den andern gütig bin?«* Da Gott durch den Tod seines einzigen Sohnes am Kreuz unsere Erlösung erst möglich gemacht hat, hat er durch sein diesbezügliches Verhalten allen Menschen gegenüber eine Barmherzigkeit gezeigt, die weit über das Maß hinausgeht, was nach unserem Verständnis für eine umfassende Verzeihung erforderlich wäre. Ich vertrete daher die Auffassung, dass wir uns nicht anmaßen sollten, festzulegen, ob Gott es für notwendig erachtet, jemanden, der im Zustand der heiligmachenden Gnade verstirbt, dessen Seele jedoch noch mit verschiedenen Makel behaftet ist, eine Sühne und wenn ja, in welchem Umfange aufzuerlegen. Wir müssen einfach zur Kenntnis nehmen, dass wir außerstande sind, das Gerechtigkeits- und das Barmherzigkeitsempfinden Gottes beurteilen zu können oder dieses gar hinterfragen zu wollen. Ich halte dennoch Opfer, Gebete und Fürbitten der Lebenden für die

Toten für nützlich und auch für sinnvoll. Sollten solche Handlungen für den Verstorbenen nicht erforderlich sein, so sind sie dennoch nicht nutzlos, denn Gott wird solches Handeln als Ausfluss unserer Nächstenliebe erkennen und jedem Einzelnen, der so handelt, dieses sein Tun auf dessen eigenem Konto gutschreiben. Wir haben auch keinerlei Kenntnis, wo das Purgatorium, sofern ein solches notwendig sein sollte, überhaupt stattfindet. Wir können davon ausgehen, dass Gott selbst allgegenwärtig ist. Dies bedeutet, dass Gott gleichzeitig in jedem Teil unseres Universums, so groß es auch sein mag, anwesend ist. Die menschliche Seele steht somit nach Verlassen des dem biologischen Tod verfallenen Körper immer und überall unverzüglich Gott dem Schöpfer des Alls, der jede Kleinigkeit des Handelns und Unterlassens der Seele während ihres Wirkens im nun dem Tode verfallenen Körpers kennt, und nun im besonderen Gericht auch beurteilen wird, gegenüber. Da Gott die Seele, selbst dann, wenn sie im Zeitpunkt des unmittelbaren Erscheinens vor ihm sich nicht im Zustand der heiligmachenden Gnade befinden sollte, nicht vernichtet, wird es einen Ort und/oder Zustand geben müssen, in welchem sich diese Seele, aber auch jene, die unmittelbar den Zugang zu den Freuden des Himmels erhält, bis zum Zeitpunkt der Abhaltung des Allgemeinen Gerichtes befindet. Da die menschliche Seele nach ihrer Ablösung vom irdischen Körper bis zur Erlangung des neuen überirdischen Körpers ausschließlich sich in einem unkörperlichen und somit geistigen Zustand befindet, hat für sie Raum und Zeit sowie die uns bekannten Dimensionen keine Gültigkeit, denn Beschränkungen, denen alle Materie und Energie unseres Universums unterfallen, entfallen. Wie auch der menschliche Gedanke sich gleichzeitig mehreren Orten zuzuwenden und mehrere materielle Dinge sich vorzustellen vermag und hierbei sogar nicht einmal an die Begrenzung der Lichtgeschwindigkeit gebunden ist, muss dies nun auch Gültigkeit für die unkörperliche Seele haben. Da wir jedoch, jedenfalls derzeit, auch mit unseren Gedanken den »Hohlraum des Ballons« in dem sich unser ganzes Universums befindet, nicht zu überschreiten vermögen, gilt diese Begrenzung auch für unsere immaterielle Seele. Dies zum Unterschied zu Gott, da er als der Schöpfer des Universums zu diesem Zeitpunkt jedenfalls außerhalb der Singularität, aus welcher sich durch den Urknall unser ganzes Universum entwickelt hat, lokalisiert gewesen sein muss. Nach den uns bisher zugänglichen naturwissenschaftlichen Erkenntnissen ist es daher nur möglich, dass sich die Seelen nach ihrer Beurteilung im besonderen Gericht bis zum Zeitpunkt des allgemeinen Gerichts innerhalb unseres Universums aufhalten. Da jedoch bereits mit dem besonderen Gericht eine Trennung zwischen den Seelen, je nach deren zukünftiger Bestimmung (Himmel, Purgatorium und Hölle) erfolgt, aus welcher nur die sich im Purgatorium befindlichen Seelen nach erfolgter Läuterung verändern werden und diese Trennung nicht durch räumliche Eingrenzung erfolgt, ist nach unserem derzeitigen naturwissenschaftlichen Erkenntnissen eine Trennung nur dergestalt möglich, dass die drei Gruppen der Seelen sich jeweils in einer anderen Dimension aufhalten, wobei allerdings eine Wahrnehmung der Seelen in der anderen Dimension möglich, jedoch ein Wechsel in die andere Dimension ihnen verwehrt ist. Dieser Zustand der Seelen wurde früher vielfach eher als räumlich begrenzter Ort gesehen und dieser Ort als Hades bezeichnet. Zu hinterfragen ist allerdings auch, ob die Seelen zwischen dem Zeitpunkt des besonderen Gerichtes und des allgemeinen Gerichtes einen Kontakt mit jenen Seelen herzustellen vermögen, die sich noch in ihrem irdischen Körper befinden, und umgekehrt. Im Neuen Testament heißt es in Mt. 17.3, dass für Petrus, Johannes und Jakobus, als sie mit Jesus den Berg bestiegen haben, plötzlich die längst den biologischen Tod erlittenen Mose und Elija sichtbar wurden und sie diese auch mit Jesus reden hörten. Im Alten Testament sind etliche Hinweise gegeben, dass Engel als Boten Gottes gegenüber Menschen in Erscheinung traten und mit diesen kommunizierten (siehe hierzu die Rettung von Lot aus Sodom). In Mt. 22.30ff. wird weiters berichtet, dass Gott selbst zu Moses gesprochen hat, und er sich als der Gott Abrahams, Issaaks und Jakobs bezeichnete. Aus der Bibel geht somit eindeutig hervor, dass sowohl Gott wie auch Engel und längst verstorbene Menschen eine Kommunikation mit noch lebenden Menschen herbeiführen können. Umgekehrt ist es auch jedenfalls in der kath. Kirche ständige Übung, dass noch lebende Menschen sich an Vorverstorbene, von denen sie annehmen, dass diese sich bereits im Himmel befinden, wenden und um deren Fürsprache bei Gott zwecks Hilfeleistung in bestimmten Anliegen bitten. Zudem geht die kath. Kirche von der Tatsache aus, dass die Muttergottes, die bereits den überirdischen Leib erhalten hat, an diversen Orten für lebende Menschen sichtbar wurde und mit diesen kommunizierte. Aus all den zuvor näher dargelegten Gegebenheiten ergibt sich somit denklogisch, dass es Wege für eine Kommunikation zwischen noch Lebenden und Vorverstorbenen und mit Engeln geben kann und eine solche Kommunikation mit an Sicherheit grenzender Wahrscheinlichkeit auch zwischen der sich im irdischen Körper befindlichen Seele und Gott stattfindet. Denken wir hierbei nur an das, was bei Empfang der Heiligen Kommunion sowie beim Sprechen der Wandlungsworte in der Eucharistiefeier durch den Priester geschieht. Obwohl eine jede noch so intensive Untersuchung, die am Brot und Wein vor und nach den vom Priester bei der Wandlung gesprochenen Worten vorgenommen würde, ein physikalisch, chemisch und biologisch identes Ergebnis zeitigen wird, hat sich das Brot und der Wein in das Fleisch und Blut Christi verwandelt. Selbstredend handelt es sich dabei nicht um jene Körpersegmente von Jesus, die am Kreuz den biologische Tod erlitten haben, sondern vielmehr um Körpersegmente, die mit dem überirdischen Körper von Jesus, in den sein irdischer Körper durch den Auferstehungsvorgang gewandelt worden ist, ident sind. Wir dürfen also Gewissheit haben, dass unsere Gebete und Bitten, mit denen wir als noch auf dieser Erde lebende Kreaturen Gott um Hilfe bitten, von ihm auch gehört werden. Gleiches gilt für Hilferufe an Vorverstorbene, die sich als »Selige bzw. Heilige« bereits unmittelbar bei Gott befinden, zwecks Vornahme von Fürbitten bei Gott für unsere Anliegen. Hierbei ist es jedoch keineswegs so, dass wir jeweils genau das erhalten werden, um was wir gebeten haben. Vielmehr werden wir von Gott jene Gaben erhalten, die für uns am nutzbringendsten sind. Selbst Jesus hat mit seiner Bitte am Ölberg nicht bewirkt, dass der Vater es ihm erspart hat, den bitteren Kelch trinken zu müssen. Allerdings war auch dieses Gebet dennoch erfolgreich, denn Gott hat Jesus die erforderliche Stärkung zukommen lassen, damit er den folgenden Leidensweg bis zum aus menschlicher Sicht bitteren Ende zu gehen vermochte.

c) Schicksal der Seelen, die sich gegen Gott entschieden haben – 'Hölle'

c1) Allgemein

Traditionell wird die Hölle im Christentum als ein Ort bzw. Zustand ewiger Verdammnis gesehen, in den die Missetäter nach dem »Jüngsten Gericht« gelangen. Sie ist das Gegenteil des Ortes der absoluten Glückseligkeit (Paradies, ewiges Leben, Himmel). In den Aussagen Jesu, wie sie im neuen Testament wiedergegeben werden, heißt es in Mt. 5.22 *»... wer aber zu ihm sagt: Du (gottloser) Narr, soll dem Feuer der Hölle verfallen sein.«* In Mt. 13.42 heißt es: »... *und werden sie in den Ofen werfen, in dem das Feuer brennt. Dort werden sie heulen und mit den Zähnen knirschen.«* In Mt. 13.49f heißt es: *»So wird es auch am Ende der Welt sein. Die Engel werden kommen und die Bösen von den Gerechten trennen und in den Ofen werfen, in dem das Feuer brennt. Dort werden sie heulen und mit den Zähnen knirschen.«* In Mt. 7.13f heißt es: *»Geht durch das enge Tor! Denn das Tor ist weit, das ins Verderben führt und der Weg dahin ist breit und viele gehen auf ihm. Aber das Tor, das zum Leben führt, ist eng, und der Weg dahin ist schmal, und nur wenige finden ihn.«* In Mt. 25.41 heißt es: »... *Weg von mir, ihr Verfluchten, in das ewige Feuer, das für den Teufel und seine Engel bereitet ist.«* In Mk. 9.43 heißt es: *»Wenn dich deine Hand zum Bösen verführt, dann hau sie ab; es ist besser für dich, verstümmelt in das Leben zu gelangen, als mit zwei Händen in die Hölle zu kommen, in das nie erlöschende Feuer.«* In Lk. 16.26 heißt es: *»Außerdem ist zwischen uns und euch ein tiefer, unüberwindlicher Abgrund, sodass niemand von hier zu euch und von dort zu uns kommen kann, selbst, wenn er es wollte.«*

c2) Begriff »Hölle«:
Mit der Bezeichnung Hölle werden verschiedene Begriffe, die in der Bibel vorkommen und dort Scheol, Gehenna und Hades genannt wurden, übersetzt, obwohl diese Begriffe zumindest teilweise einen verschiedenen Bedeutungszusammenhang und eine verschiedene Aussage haben. Der Begriff Hades des Neuen und Alten Testaments ist die griechische Übersetzung des hebräischen Wortes Scheol. Geenna (oder Gehenna) ist eine Ortsbezeichnung in hebräischer Sprache und bedeutet Schlucht von Hinnon. Diese Schlucht kann südlich der Jerusalemer Altstadt bis heute besichtigt werden. Zu alttestamentarischer Zeit wurden hier laut Bibel bei kultischen Handlungen dem Ammoniter-Gott Moloch Kinder geopfert (2. Könige 23.10). Gehenna wurde später zu einer zentralen Müllhalde. Nach Ansicht mancher Forscher wurden zu Zeiten Jesu an diesem Ort auch die Leichen von Gesetzesübertretern nach ihrer Hinrichtung verbrannt (siehe WIKIPEDIA, Die freie Enzyklopädie).

c3) Auffassung in der Zeit nach Christus:
In der Zeit nach Christus wurde die Auffassung über die Hölle durch die Lektüre der Offenbarung des Johannes und die apokryphe Offenbarung des Petrus bis ins Mittelalter geprägt. Viele Kirchenväter des ersten bis dritten Jahrhunderts (z.B. Klemens von Rom, Ignatius, Justin der Märtyrer, Irenäus von Lyon, Tertullian und später Augustinus von Hippo) beschreiben eine ewige Hölle in unterschiedlicher Form. Manche frühen Theologen wie etwa Origenes lehrten hingegen die Allaussöhnung, das heißt, die Rückkehr aller Geschöpfe zu Gott, was auch von einigen Kirchenvätern des vierten und fünften Jahrhunderts so gesehen

wurde. (Siehe Gregor von Nyssa, Didimus dem Blinden, Diodor von Tarsus und Theodor von Mopsuestia.) Von der katholisch-orthodoxen Reichskirche wurde diese Sichtweise jedoch abgelehnt und in einem lokalen Konzil im Jahre 543 wurde die Allversöhnungslehre verurteilt. Das Zweite Ökumenische Konzil in Konstantinopel im Jahre 553 verurteilte Origenes (Edikt contra Origenem) und verabschiedete den Kanon. Im XVII. Artikel des Augsburgischen Bekenntnis von 1530 formulierte die evangelisch-lutherische Kirche: *»Auch wird gelehrt, dass unser Herr Jesus Christus am Jüngsten Tage kommen wird, zu richten und alle Toten auferwecken, den Gläubigen und Auserwählten ewiges Leben und ewige Freude geben, die gottlosen Menschen aber und die Teufel in die Hölle und zu ewiger Strafe verdammen. Deshalb werden die Wiedertäufer verworfen, die lehren, dass die Teufel und verdammten Menschen nicht ewige Qual und Pein haben werden.«* (Siehe WIKIPEDIA, Die freie Enzyklopädie).

c4) Auffassung in der Aufklärung:
Seit dem Zeitalter der Aufklärung bis in die Gegenwart wird die Hölle als angstauslösende Vorstellungswelt kritisiert bzw. verworfen. Sie sei für weltliche Zwecke oder zur Unterwerfung der Gläubigen eingesetzt worden.

c5) Auffassung in der Lehre der kath. Kirche:
Die Lehre der katholischen Kirche jedoch besagt, dass es eine Hölle gebe und diese ewig daure. Der Begriff Hölle wird als selbstverschuldeter endgültiger Ausschluss eines Menschen aus der Gemeinschaft mit Gott verstanden. Im Katechismus der Katholischen Kirche 1997 heißt es unter IV. Die Hölle 1033 *»... In Todsünde sterben, ohne diese bereut zu haben und ohne die barmherzige Liebe Gottes anzunehmen, bedeutet,*

durch eigenen freien Beschluss für immer von ihm getrennt zu bleiben. Diesen Zustand der endgültigen Selbstausschließung aus der Gemeinschaft mit Gott und den Seligen nennt man Hölle«. In 1035 heißt es weiter: »*Die Lehre der Kirche sagt, dass es eine Hölle gibt und dass sie ewig dauert. Die Seelen derer, die im Stand der Todsünde sterben, kommen sogleich nach dem Tod in die Unterwelt, wo sie die Qualen der Hölle erleiden, »das ewige Feuer«. Die schlimmste Pein der Hölle besteht in der ewigen Trennung von Gott, in dem allein der Mensch das Leben und das Glück finden kann, für die er erschaffen worden ist und nach denen er sich sehnt.«* In 1037 heißt es weiter: »*Niemand wird von Gott dazu vorbestimmt, in die Hölle zu kommen, nur eine freiwillige Abkehr von Gott (Todsünde), in der man bis zum Ende verharrt, führt dazu. Gott will nicht, dass jemand zugrunde geht, sondern dass alle sich bekehren.«*

c6) Auffassung in der derzeitigen Theologie:

In einem Teil der derzeitigen theologischen Aussagen wird gegen die Angstdrohung mit einer Strafe oder gar Verdammung Position bezogen, weil dies nicht mit Aussagen der Bibel oder mit den Eigenschaften Gottes wie Liebe, Barmherzigkeit und Gerechtigkeit vereinbar sei. Das Neue Testament verkünde statt der wie immer gearteten Höllenqualen die frohe Botschaft der Versöhnung aller oder zumindest der meisten Menschen mit Gott. Andere Theologen erklären, es sei nicht vertretbar, die Existenz der Hölle zu leugnen. Sie müsse ebenso gelehrt werden wie die Möglichkeit des Menschen, durch Hinwendung zu Jesus Christus gerettet zu werden. Diese Auffassung wird auch vom jetzt emeritierten Papst Benedikt XVI. vertreten. Er hat 2007 in seinem Jesusbuch ausgeführt, dass Jesus Christus gekommen sei, um zu sagen, dass er alle im Paradies haben wolle. Die Hölle aber, von der man in unserer Zeit so wenig spreche, existiere und sei ewig für jene, die ihre Augen vor der Liebe Jesu verschlössen. Neben der Lehre der Existenz der Hölle werden seit Beginn des Christentums auch noch zwei andere theologische Denkansätze vertreten. Dies sind die Allaussöhnung (Gott führt alle Menschen zu sich) und des Annihilationismus (Ungläubige werden vernichtet) (siehe WIKIPEDIA, Die freie Enzyklopädie).

c7) Auffassung der orthodoxen Kirchen:
Die orthodoxen Kirchen sehen sowohl Himmel als auch Hölle als intime Nähe zu Gott. Diese werde von den Gerechten freudig und segenreich, von den Bösen dagegen als qualvoll und voller Gewissensbisse erlebt.

c8) Auffassungen in der evangelischen Kirche:
Strikte Richtungen des Calvinismus lehren, dass Gott in völlig freier und unerforschlicher Entscheidung nur einige Menschen zum Himmel und die anderen zur Hölle vorherbestimme (Prädestinationslehre). Die schicksalhafte Belastung des Menschen mit der Erbsünde schließe den freien Willen aus. Nur noch der von Gott eingegebene Glaube an das Selbstopfer Jesu Christi und dessen Auferstehung sei der Weg, um gerettet zu werden.

c9) Auffassungen in anderen Konfessionen;
Andere Konfessionen wie z.B. die anglikanische Kirche und viele moderne reformierte Kirchen lehren, dass der Mensch auf Gottes Gnade frei antworten müsse, um gerettet zu werden. Das Heil der Seele sei daher letztlich doch mit vom Menschen abhängig. Dies wird auch von der kath. Kirche so gesehen. Ein Teil der Adventbewegung, die Bibelforscher, die Zeugen Jehovas und die Christadelpians

lehren den Annihilationismus, nach welchem die Bösen beim Endgericht mit Leib und Seele vollständig vernichtet würden. In neuerer Zeit zeigen auch einige evangelikale Theologen für diese Auffassung ein gewisses Maß an Sympathie (siehe WIKIPEDIA, Die freie Enzyklopädie).

c10 Auffassungen im Altertum:
Im altägyptischen Glauben fand am Ende des Lebens die Reise nach Sechet-iaru, dem Lichtland im Totenreich, statt. Es wurde die Ansicht vertreten, dass das Totenreich in mehrere Bereiche unterteilt sei, so z.B. in die Dual und die Vernichtungsstätte. Nur das Bestehen des negativen Sündenbekenntnisses in der Halle der Vollständigen Wahrheit, dem Sitzungsort des Totengerichts, könne die Verbannung in die Vernichtungsstätte verhindern. Der Mithras-Kult lehrt, dass es am Ende der Welt eine Schlacht zwischen den Kräften des Lichtes und den Kräften der Finsternis gebe. Gläubige hätten hierbei die Möglichkeit, sich den »Geistern des Lichts« anzuschließen und damit gerettet zu werden oder als Ablehnende zusammen mit dem bösen Geist Ahriman und den gefallenen Engeln in einem Feuerschlund in Pech und Schwefel zu versinken.

c11) Auffassungen in der griechischen und germanischen Mythologie:
In der griechischen Mythologie wird zum Teil die Auffassung vertreten, dass es einen Ort ohne Wiederkehr gebe. In den nordgermanischen Mythen ist von einem kalten eintönigen Ort in der Unterwelt die Rede, der von der Todesgöttin Hei beherrscht werde. Der Ort wurde »Hel« genannt.

c12) Auffassungen im Hinduismus und Buddhismus:
Im Hinduismus spielt die Vorstellung von Hölle eine untergeordnete Rolle. Die indische Mythologie kennt jedoch verschiedene schreckliche Höllen. Nach dem Glauben mancher Hindus stellen diese einen Teil des unendlichen Kreislaufs der Reinkarnation dar. Der Verstorbene erfährt dort solange großes Leid, bis sein schlechtes Karma verbraucht ist. Hiernach kehrt das Individuum auf die Erde zurück, um wieder und wieder geboren zu werden – bis zur endgültigen Erlösung (moksha). Der Buddhismus übernahm in modifizierter Form die hinduistischen Vorstellungen von Wiedergeburt und Hölle (siehe WIKIPEDIA, Die freie Enzyklopädie).

c13) Auffassungen im Judentum:
Im Judentum wird die Vorstellung von Hölle erst greifbar in den apokryphen Schriften, die später nicht in den Tanach aufgenommen wurden, wie z.B. im Buch Henoch (etwa. zwischen 130 und 68 v.Chr.). Dort ist ein Aufenthaltsort der Verstorbenen mit vier tiefen Hohlräumen erwähnt, von denen drei dunkel und einer hell sei. Die dunklen Räume seien für die Sünder, die helle Abteilung für die Gerechten bestimmt. Engel würden die Ungerechten zu einem Platz bringen, um für das Gericht vorbereitet zu werden. So heißt es: »*Entsprechend der Taten der Bösen werden sie in lodernden Flammen, schlimmer als Feuer brennen, und niemand wird ihnen helfen*« (siehe WIKIPEDIA, Die freie Enzyklopädie).

c14) Auffassungen im Islam:
Im Islam wird die Hölle als Feuergrube gedacht, über die eine schmale Brücke in den Himmel führt. Alle Seelen der

Toten müssen über diese Brücke gehen, und die Verdammten fallen in das Feuer hinunter und verblieben dort, wenn sie nicht durch die Gnade Allahs erlöst würden. Im Koran ist wiederholt vom Paradies und der Hölle die Rede. In der Sure 23.104 heißt es: *»Deren Waagschale aber leicht befunden wird, weihten ihre Seelen dem Untergang und sie bleiben auf ewig in der Hölle,«* In der Sure 11.107f. heißt es: *»Die Unglücklichen werden in das Höllenfeuer kommen, und dort wehklagen und seufzen und ewig darin bleiben, solange die Himmel und die Erde dauern, oder dein Herr müsste es anders wollen; denn dein Herr tut, was er will.«* Eine sehr konkrete Vorstellung der Höllenstrafe findet sich in Sure 4.57. Dort heißt es: *»Die, welche unseren Zeichen nicht glauben, werden in Höllenflammen braten, und sooft ihre Haut verbrannt ist, geben wir ihnen andere Haut, damit sie umso peinlichere Strafe fühlen; denn Allah ist allmächtig und allweise«.* Im Islam dauert die Hölle nicht unabänderlich lang, sondern nur solange es Allah will (Sure 6.129 und 11.107f). Auch hier werden verschiedene Grade der Pein unterschieden, die abhängig sind von den Taten auf Erden, wobei das diesseitige Leben als Prüfung gesehen wird und Himmel und Hölle als deren Konsequenzen (siehe WIKIPEDIA, Die freie Enzyklopädie).

c15) Auffassungen im Atheismus:

Im Atheismus gibt es keinen Platz für die Hölle. Nach Schmidt-Salomon sind Atheisten der Auffassung, dass ethisch korrektes Verhalten sich auch durch die Anwendung der Vernunft erzielen lasse.

c16) Schlussfolgerung zur Hölle insgesamt:

Aus den Aussagen von Jesus, wie sie in den vier Evangelien wiedergegeben werden, geht zweifelsfrei hervor, dass es für die Seelen von Verstorbenen, die während ihres Erdenlebens in gravierender Art und Weise gegen grundlegende Gebote der Gottes- und Nächstenliebe verstoßen haben, einen Ort bzw. Zustand geben wird, in dem sie ein Empfinden haben werden, das wir als Qual und Pein bezeichnen und welches an einem Platz oder in einem Zustand stattfindet, der im Neuen Testament mit dem Wort »Hölle« bezeichnet wird. Von diesem Zustand werden vorerst lediglich die Seelen der Verstorbenen erfasst, da die Wiedererlangung des neuen Körpers und die Vereinigung desselben mit der jeweiligen Seele erst zum Zeitpunkt des allgemeinen Gerichtes stattfinden wird. Bezüglich des Umstandes, dass die Seele des irdischen Menschen nicht zugleich mit dessen irdischem Körper den biologischen Tod erleidet, wird auf die zum Purgatorium (Fegefeuer) gemachten Ausführungen verwiesen. Etwas beunruhigend ist die Aussage von Jesus, wie sie in Mt. 7.13f. wiedergegeben wird und wo es heißt, dass das Tor, das ins Verderben führt, weit und der Weg, der zu diesem Tor führt, breit ist und viele auf diesem Weg gehen, jedoch das Tor, das zum Leben führt, eng und der Weg zu diesem Tor schmal ist und nur wenige diesen Weg finden werden. Wenn Jesus in diesem Zusammenhang von den Qualen derer, die in das immer brennende Feuer geworfen werden, spricht, so ist davon auszugehen, dass damit nicht jenes Feuer gemeint ist, das wir auf dieser Erde als solches kennen und das bei einem Kontakt mit dem menschlichen Körper äußerst starke Schmerzen verursacht. Wie bereits im Katechismus der kath. Kirche von 1997 in Punkt IV. 1035 ausgeführt wird, besteht die schlimmste Pein der Hölle in der ewigen Trennung von Gott, indem allein der Mensch das Leben und das Glück finden kann, für die er erschaffen worden ist und nach denen er sich sehnt. Wie wir heute als naturwissenschaftliche Gegebenheit wissen, ist Feuer chemisch gesehen eine Oxidationsreaktion. Das ist eine exotherme Reaktion, das heißt, dass mit der Feuererscheinung verlaufende Reaktionen mehr Energie in Form von Wärme an die Umgebung abgeben, als zum Entzünden benötig wird. Feuer ist heiß, weil die Umwandlung der schwachen Doppelbindung im Sauerstoffmolekül O_2 in die stärkeren Bindungen in den Verbrennungsprodukten (Kohlendioxyd und Wasser) Energie freisetzt (418 kJ pro 32 g O_2); die Bindungsenergien im Brennstoff spielen nur eine untergeordnete Rolle. Eine unkörperliche geistige Seele, die nicht aus Atomen der in unserem Universum vorkommenden Elementen besteht, kann daher durch das uns bekannte Feuer von vorneherein weder positiv noch negativ beeinträchtigt werden. Wenn Jesus im Zusammenhang mit den Folgen, welche die Seelen der Verstorbenen in der Hölle für ihr Verhalten auf der Erde zu ertragen haben werden, von Feuerqualen spricht, so ist dies nur dahingehend zu erklären, dass zur Zeit des Aufenthaltes von Jesus auf dieser Welt dem Judentum und auch anderen philosophischen und religiösen Strömungen eine Verurteilung zu ewigen Feuerqualen nicht unbekannt war. Zudem wäre es schlicht unsinnig gewesen, wenn Jesus neben seinem theologischen Auftrag auch naturwissenschaftliche Kenntnisse den damals lebenden Menschen eröffnet hätte. Möglicherweise wäre eine diesbezügliche umfassende Offenbarung sogar in der Jetztzeit auch für uns noch unverständlich. Nicht geleugnet kann jedoch werden, dass Jesus seiner Umgebung öffentlich dargetan hat, dass es einen Himmel und eine Hölle gibt und die menschliche Seele im dortigen Aufenthalt entweder höchste Freude und Zufriedenheit erlebt oder schweres Leid zu tragen hat. Auf die Änderungen, die sich nach Abhaltung des allgemeinen Gerichtes und der Auferweckung des irdischen Körpers in verwandelter Form bzw. der Wandlung des irdischen Körpers in einen überirdischen ergeben, wird später noch näher eingegangen. Wer die Existenz der Hölle als solche verneint, muss sich entgegenhalten lassen, dass er in diesem Falle auch die Aussagen von Jesus, wie sie zuvor wiedergegeben wurden, ablehnt. Wer dies tut, stellt somit die gesamten Aussagen von Jesus, wie sie in den Evangelien wiedergegeben werden, in Frage. Es ist unwissenschaftlich, nur jenen Teil seiner Ausführungen als zutreffend anzuerkennen, die dem Einzelnen gut und richtig erscheinen und mit seinen jeweiligen persönlichen Vorlieben übereinstimmen und diesen seinen Vorlieben gegenläufigen Aussagen zu verneinen. Es hilft auch nicht, wenn hierbei argumentiert wird, die vier Evangelien seien nicht zu Lebzeiten von Jesus geschrieben und zum Teil sogar von Personen verfasst worden, denen diese seine Aussagen nur von der Überlieferung her bekannt waren. Dieses Argument trifft für alle Aussagen von Jesus zu, die in den Evangelien wiedergegeben werden. Es gibt kein vernünftiges Argument, warum die eine Aussage richtig und die andere unzutreffend wiedergegeben worden sein sollte. Der Autor stützt seine hier dargelegten Schlussfolgerungen nur auf Aussagen, die Jesus vor mehreren Zeugen gemacht hat. Er hat daher wie bereits zuvor dargelegt, die Aussagen des Apostel Paulus insgesamt und des Apostel Johannes in dessen Offenbarung nicht berücksichtigt. Die dort erwähnten Offenbarungen erfolgten entweder nicht direkt von Jesus oder konnten zumindest nicht von Dritten wahrgenommen werden.

d) Schicksal der Seelen, die sich für Gott entschieden haben – »Himmel«:

d1) Allgemein:

Wie bereits zum Purgatorium und zur Hölle ausgeführt, ist auch bezüglich des Himmels und des dortigen Geschehens auf die Aussagen, die Jesus gegenüber seinen Jüngern und Zuhörern gemacht hat, zurückzugreifen. Dies deshalb, weil weder ein Prophet, ein Philosoph oder Theologe im Gegensatz zu Jesus konkrete Kenntnisse darüber hat, was im Himmel tatsächlich geschieht und wessen Seele und nach dem allgemeinen Gericht auch wessen Körper dort Eingang findet und was dort vorgefunden wird. In Mt. 5.3-12 führt Jesus aus: »*Selig, die arm sind vor Gott, denn ihnen gehört das Himmelreich. Selig, die Trauernden, denn sie werden getröstet werden. Selig, die keine Gewalt anwenden, denn sie werden das Land erben. Selig, die hungern und dürsten nach Gerechtigkeit, denn sie werden satt werden. Selig, die Barmherzigen, denn sie werden Erbarmen finden. Selig, die ein reines Herz haben, denn sie werden Gott schauen. Selig, die Frieden stiften, denn sie werden Söhne Gottes genannt werden. Selig, die um der Gerechtigkeit willen verfolgt werden, denn ihnen gehört das Himmelreich. Selig seid ihr, wenn ihr um meinetwillen beschimpft und verfolgt und auf alle mögliche Weise verleumdet werdet. Freut euch und jubelt, denn euer Lohn im Himmel wird groß sein. Denn so wurden schon vor euch die Propheten verfolgt.*« In Mt. 8.11 heißt es weiter: »*Ich sage euch: Viele werden von Osten und Westen kommen und mit Abraham, Issak und Jakob im Himmelreich zu Tisch sitzen.*« In Lk. 16.9 heißt es: »*Ich sage euch: Macht euch Freunde mit Hilfe des ungerechten Mammons, damit ihr in die ewigen Wohnungen aufgenommen werdet, wenn es (mit euch) zu Ende geht.*« In Joh. 14.1ff. heißt es. »*Euer Herz lasse sich nicht verwirren. Glaubt an Gott und glaubt an mich! Im Hause meines Va-*

ters gibt es viele Wohnungen. Wenn es nicht so wäre, hätte ich euch dann gesagt: Ich gehe, um einen Platz für euch vorzubereiten. Wenn ich gegangen bin und einen Platz für euch vorbereitet habe, komme ich wieder und werde euch zu mir holen, damit auch ihr dort seid, wo ich bin. Und wohin ich gehe: Den Weg dorthin kennt ihr.«

Aus den zuvor dargelegten Ausführungen ergibt sich zweifelsfrei, dass Gott keinesfalls bereits bei der Erschaffung der jeweiligen Seele und deren Einfügung in den menschlichen Körper festlegt, ob nach Beendigung des irdischen Lebens diese Seele im besonderen Gericht und nach erfolgtem allgemeinen Gericht am Jüngsten Tag die Seele zusammen mit dem von Gott auferweckten und in den überirdischen Körper verwandelten Leib in den Himmel aufgenommen wird. Vielmehr trägt die jeweilige Seele gemeinsam mit ihrem irdischen Körper selbst Verantwortung, ob sie die Barmherzigkeit Gottes, die ihr den Weg ins Himmelreich ermöglicht, annimmt oder dieses Heilsangebot Gottes bewusst und nachhaltig ausschlägt. Daran ändert auch der Umstand nichts, dass Gott, der allwissend ist, bereits zum Zeitpunkt der Erschaffung der Seele und ihrer Einfügung in den menschlichen Körper Kenntnis hat, welche Entscheidung diese Seele letztlich treffen wird. Gott hatte auch bereits bei Erschaffung des Menschen Kenntnis, dass dieser gegen das Gebot des Verzichtes auf das Essen vom Baum der Erkenntnis verstoßen würde. Da jedoch Gott den Menschen als sein Ebenbild geschaffen hat, war es auch zwangsläufig, dass der Mensch mit einem freien Willen ausgestattet wurde und es daher in dessen Verantwortung liegt, welchen konkreten Weg er gehen will. Es ist durchaus richtig, dass die Einhaltung der diesbezüglich von Gott vorgegebenen Richtschnur nach dem Sündenfall für den einzelnen Menschen wesentlich erschwert ist. Damit sich diese Möglichkeit jedoch überhaupt eröffnet, hat Jesus für die gesamte Menschheit das Sühneopfer am Kreuz vollbracht.

d2) Wann erfolgt die Vereinigung der Seele mit dem neuen Körper?

Nachdem der menschliche Körper seinen biologischen Tod erlitten hat und beginnt, in seine Atome zu zerfallen, legt seine Seele im besonderen Gericht vor Gott Rechenschaft über ihr irdisches Tun ab und vernimmt den Urteilsspruch, ob sie direkt in den Himmel aufgenommen, im Purgatorium vorerst noch einer Läuterung bedürfe oder die Pein der Hölle auf sich nehmen müsse. Es ist nun die Frage zu beantworten, ob und wenn ja, wann die Seele wieder mit ihrem verstorbenen Körper, der von Gott in eine überirdische Form gewandelt und neu erweckt wird, vereint wird. Der Autor stützt seine hier zum Ausdruck kommende diesbezügliche Auffassung ausschließlich auf die Aussagen von Jesus, wie sie in den vier Evangelien wiedergegeben werden, ergänzt durch die von der christlichen Kirche verkündeten Dogmen, in welchen bereits eine Interpretation der in den Evangelien wiedergegebenen Aussagen Jesu vorgenommen worden ist.

In Joh. 5.21-29 heißt es: *»Denn wie der Vater die Toten auferweckt und lebendig macht, so macht auch der Sohn lebendig, wen er will. Auch richtet der Vater niemand, sondern er hat das Gericht ganz dem Sohn übertragen, damit alle den Sohn ehren, wie sie den Vater ehren. Wer den Sohn nicht ehrt, ehrt auch den Vater nicht, der ihn gesandt hat. Amen, amen, ich sag euch: Wer mein Wort hört und dem glaubt, der mich gesandt hat, hat das ewige Leben: Er kommt nicht ins Gericht, sondern ist aus dem Tod ins Leben hinübergegangen. Amen, amen, ich sage euch: Die Stunde kommt, und sie ist schon da, in der* *die Toten die Stimme des Sohnes Gottes hören werden; und alle, die sie hören, werden leben. Denn wie der Vater das Leben in sich hat, so hat er auch dem Sohn gegeben, das Leben in sich zu haben. Und er hat ihm Vollmacht gegeben, Gericht zu halten, weil er der Menschensohn ist. Wundert euch nicht darüber! Die Stunde kommt, in der alle, die in den Gräbern sind, seine Stimme hören und herauskommen werden: Die das Gute getan haben, werden zum Leben auferstehen, die das Böse getan haben zum Gericht.«* In Mk. 13.26f heißt es: *»Dann wird man den Menschensohn mit großer Macht und Herrlichkeit auf den Wolken kommen sehen. Und er wird die Engel aussenden, um die von ihm Auserwählten aus allen vier Windrichtungen zusammenführen, vom Ende der Erde bis zum Ende des Himmels«* In Mk. 13.24f heißt es: *»Aber in jenen Tagen nach der großen Not, wird sich die Sonne verfinstern und der Mond wird nicht mehr scheinen; die Sterne werden vom Himmel fallen und die Kräfte des Himmels werden erschüttert werden.«* In Mt. 25.31f heißt es: *»Wenn der Menschensohn in seiner Herrlichkeit kommt und alle Engel mit ihm, dann wird er sich auf den Thron seiner Herrlichkeit setzen: Und alle Völker werden von ihm zusammengerufen werden, und er wird sie voneinander scheiden, wie der Hirte die Schafe von den Böcken scheidet.«* In Lk. 9.27 heißt es: *»Wahrhaftig, ich sage euch: Von denen, die hier stehen, werden einige den Tod nicht erleiden, bis sie das Reich Gottes gesehen haben.«* In Lk. 20.35 heißt es: *»Die aber, die Gott für würdig hält, an jener Welt und an der Auferstehung von den Toten teilzuhaben, werden dann nicht mehr sterben.«*

Jesus ist die einzige Person, die je auf dieser Erde gelebt hat und leben wird, die genaue Kenntnisse darüber besitzt, was nach dem Tode des menschlichen Körpers insgesamt geschieht. Er hat aber auch ein vollständiges Wissen hinsichtlich aller naturwissenschaftlichen Gegebenheiten und auch darüber, zu welchem Zeitpunkt die Menschheit diese Gegebenheiten peu a peu zu entschlüsseln vermag. Wenn man seine vor 2000 Jahren gemachten Aussagen beurteilen will, muss man einerseits berücksichtigen, wie diese Aussagen von seinen damaligen Jüngern und Zuhörern verstanden werden konnten und andererseits gleichzeitig sich bewusst sein, dass Jesus auch genau wusste, dass künftige Anhänger und Gegner seiner Lehre viel umfassendere Kenntnisse über naturwissenschaftliche Gegebenheiten haben werden, als dies vor 2000 Jahren der Fall war. Dies bedeutet aber, dass einerseits seine Aussagen so gestaltet werden mussten, dass sie von den damals Lebenden verstanden werden konnten und andererseits gleichzeitig auch von Forschern, die tausende Jahre nach ihm leben werden, nicht als grundlegender Verstoß gegen naturwissenschaftliche Gesetze abgetan werden können. Da wir derzeit noch keineswegs eine allumfassende Kenntnis bezüglich aller physikalischer und naturwissenschaftlicher Gegebenheiten haben, ist die Interpretation der Aussagen Jesu besonders schwierig. Einerseits wissen wir, dass hierbei nicht nur auf eine historische Bedeutung seiner Worte abgestellt werden darf und andererseits muss uns gleichzeitig bewusst sein, dass es uns noch an letzten naturwissenschaftlichen Erkenntnissen bezüglich aller Zusammenhänge mangelt. Obwohl sich der Autor dieser Schwierigkeiten voll bewusst ist, wagt er es dennoch, auch für die Jetztzeit gültige Aussagen zu treffen, die ausschließlich auf den damaligen Aussagen von Jesus basieren.

Aus der Aussage *»Denn wie der Vater die Toten auferweckt und lebendig macht, so macht auch der Sohn lebendig, wen er will«* ergibt sich, dass niemand allein aus eigenem Tun und Lassen einen Anspruch ableiten kann, von den Toten auferweckt und lebendig gemacht zu werden. Hierfür wird stets die

Gnade und Barmherzigkeit Gottes erforderlich sein. Da Gott jedoch die absolute Gerechtigkeit ist, kann der Beisatz »wen er will« wohl nicht dahingehend verstanden werden, dass Gott sein diesbezügliches Tun willkürlich vornimmt, sondern vielmehr, dass er aufgrund seiner gegebenen Gerechtigkeit hierbei auch stets das Tun und Lassen des zu beurteilenden Menschen auf dieser Welt berücksichtigt. Es ist dem einzelnen Menschen daher keineswegs vorbestimmt, ob er bei Gott Gnade finden oder ob dies nicht der Fall sein wird.

Der Aussage Jesu, »*Wer mein Wort hört und dem glaubt, der mich gesandt hat, hat das ewige Leben: er kommt nicht ins Gericht, sondern ist aus dem Tod ins Leben hinübergegangen.«,* ist zu entnehmen, dass jedermann, der sein Wort hört und an den glaubt, der Jesus gesandt hat, das ewige Leben erhält und nicht dem Gericht (hier gemeint Verurteilung) überantwortet wird. Das bloße Zuhören und das alleinige Glauben des Gehörten wird trotz des unermesslichen Erlösungsaktes den Jesus durch sein Leiden am Kreuz für die Menschheit insgesamt erbracht hat, nicht ausreichen. Es wird zusätzlich zumindest ein minimales Bemühen erforderlich sein, sich so zu verhalten, wie das Gehörte und Geglaubte es als Richtschnur vorgibt.

Aus der Aussage Jesu, »*Die ,Stunde kommt, in der alle, die in den Gräbern sind, seine Stimme hören und herauskommen werden: Die das Gute getan haben, werden zum Leben auferstehen, die das Böse getan haben zum Gericht.«,* geht eindeutig hervor, dass alle Verstorbenen seine Stimme (den Ruf Jesu) hören werden. Sie werden aus den Gräbern herauskommen und hierbei nicht wie Lazarus den Leib erhalten, der nach wie vor dem biologischen Tod ausgeliefert war, sondern wie Jesus bei seiner Auferstehung den Auferstehungsleib. Dieser ist jedoch nicht mit jenem Körper ident, dessen Zellen, Moleküle und Atome bei dessen Tode der Erde (nun auch öfters der Flamme) übergeben worden sind. Da Jesus auch gesagt hat, die Auferstandenen werden gleich den Engeln sein, und die Engel bereits vor Erschaffung unseres Universums von Gott als Geisteswesen erschaffen worden sind, wird der Auferstehungsleib auch nicht aus irgendeiner Form von Materie und Energie bestehen, die ausgehend von der Singularität durch den Urknall unser Universum formte und woraus letztlich der dem Tode ausgelieferte Leib bestand. Wäre der Auferstehungsleib ident mit dem irdischen Leib, so würde auch der Auferstehungsleib wie unser ganzes Universum keineswegs für alle Ewigkeit Bestand haben. Der »Ganztod«-Theorie, wie sie nicht nur in der evangelischen Kirche, sondern nun auch von sogenannten »modernen« katholischen Theologen vertreten wird, sowie der Auffassung, dass die individuelle Auferstehung von den Toten bereits zum Zeitpunkt des Todes des irdischen Körpers erfolge, ist entgegenzuhalten, dass Jesus gesagt hat, dass alle, die in den Gräbern liegen, seine Stimme hören und herauskommen werden. Damit ist jedoch die Aussage, dass die unmittelbare Auferstehung mit dem Tode erfolge, wiederlegt. Die Verstorbenen lagen jedenfalls schon lange in den Gräbern, bevor sie gerufen werden und bevor sie den Auferstehungsleib erhalten. Aber selbst Jesus ist erst nach drei Tagen auferstanden und keineswegs unmittelbar nach seinem Tode am Kreuz. Wäre sein Leib nicht durch Transformation des irdischen Körpers in den Auferstehungsleib umgewandelt worden, so wäre auch sein irdischer Körper in die einzelnen Atome zerfallen. Jedoch der irdische tote Körper Jesu war ja nicht mehr vorhanden. Dies ist nur deshalb der Fall, weil dieser Köper eben in den überirdischen Körper gewandelt worden ist. Völlig zu Recht hat die von Papst Paul VI. berufene Kardinalskommission zur Verbesserung und Ergänzung der Glaubensverkündigung für Erwachsene in Punkt 9 gefordert, dass auch klar von den Seelen der Gerechten gesprochen werden müsste, die genügend gereinigt, sich bereits der unmittelbaren Gottesschau erfreuten. Wäre es zutreffend, dass die Auferstehung der Toten bereits zum Zeitpunkt des Todes erfolgt, könnten am Jüngsten Tag die Toten weder die Stimme des Sohnes Gottes hören noch aus den Gräbern herauskommen, sie wären ja alle bereits längst mit dem Auferstehungsleib ausgestattet. Bei der Ganztodtheorie ist zu hinterfragen, wie mit ihr erklärt werden soll, dass Lazarus sich im Schoße von Abraham befunden habe und wie Mose und Elija von den Aposteln gesehen und gehört werden konnten, als sie mit Jesus auf dem Berg sprachen, und wie erklärt werden kann, dass die Muttergottes an verschiedenen Orten diversen Personen erschienen ist und mit diesen auch gesprochen hat. Es wäre in diesem Falle auch völlig sinnlos, wenn selig und heiliggesprochene von noch auf Erden pilgernden Menschen um Fürbitten bei Gott angerufen werden, denn diese würden zu jenen Zeitpunkten ja noch in ihren Gräbern liegen und ihr sich bereits in die Atome aufgelöster Körper müsste ja erst noch von Gott zum überirdischen Leib erweckt werden. Bis zu diesem Zeitpunkt wäre aber auch keinerlei Existenz ihrer Seelen gegeben. Auch diese müssten erst dann wieder »erweckt« oder »neu erschaffen« werden.

Aus der Aussage Jesu, »*Dann wird man den Menschensohn mit großer Macht und Herrlichkeit auf den Wolken kommen sehen. Und er wird die Engel aussenden, um die von ihm Auserwählten aus allen vier Windrichtungen zusammenzuführen, vom Ende der Erde bis zum Ende des Himmels.*«, geht hervor, dass zum Zeitpunkt der Wiederkunft von Jesus die Auserwählten, die bereits gestorben waren und deren Körper den biologischen Tod erlitten hatten und in die einzelnen Atome zerfallen sind, erst zu diesem Zeitpunkt den Auferstehungskörper erhalten und nach Vereinigung ihrer Seele mit dem neuen Leib von den Engeln vom Ende der Erde bis zum Ende des Himmels an einem Ort zusammengeführt werden. Bei den dann noch Lebenden wird ihr irdischer Körper nun unmittelbar und direkt in den Auferstehungskörper gewandelt. In diesem Fall kommt es somit zu keiner Trennung von Körper und Seele. Dies hat aber auch zur Folge, dass bei den am Jüngsten Tag noch Lebenden das besondere Gericht entfällt. Es ergibt sich aber auch, dass zu jenem Zeitpunkt unser Heimatplanet noch existiert. Diese Aussage von Jesus besagt aber auch, dass die Auserwählten keiner »Verkehrsmittel« für die Erreichung des vorgesehenen »Sammelplatzes« bedürfen, sondern dass sie sich offensichtlich wie die Geistwesen Engel bewegen können.

Aus den Aussagen Jesu, »*Wahrhaftig ich sage euch: von denen, die hier stehen, werden einige den Tod nicht erleiden, bis sie das Reich Gottes gesehen haben. »Die aber, die Gott für würdig hält, an jener Welt und an der Auferstehung von den Toten teilzuhaben, dann nicht mehr sterben werden.*«, ist einerseits abzuleiten, dass einige der Umstehenden den Tod nicht erleiden werden, bis sie das Reich Gottes gesehen haben, und andererseits, dass jene, die an der Auferstehung der Toten teilhaben, nicht mehr sterben werden. Aus der Zusage von Jesus, dass einige den Tod nicht erleiden werden, bis sie das Reich Gottes gesehen haben, geht aber hervor, dass die Seelen auch nach dem irdischen Tod ihres Körpers weiterleben, denn die Körper all jener, die diese Worte gehört haben, wurden längst durch den biologischen Tod in ihre Atome aufgelöst. Es muss somit zwischen dem biologischen Tod des Körpers bis zur Wiedererlangung des Auferstehungskörpers etwas geben, nämlich die unsterbliche Seele, die nicht dem Tode anheimfällt. Dies kann sie ja auch nicht, da sie nicht aus einer irdischen Materie oder Energie besteht. Aber die Auffassung, dass Leib und Seele im Menschen nicht etwa bloß akzidentiell und lose miteinander verbunden, sondern so zur Einheit zusammengefügt seien, dass wirklich die vernunftbegabte Geistesseele es sei, die den Leib belebt und formt und das unmittelbare Prinzip aller menschlichen Lebenstätigkeiten darstelle, würde inkludieren, dass die Seele beim Tode des Körpers dessen Schicksal teilt. Der Körper besteht jedoch aus Materie (den Atomen). Die Geistesseele besteht aus (?????)? Nach dem derzeitigen Wissenstand gibt es weder eine wissenschaftlich fundierte Antwort auf die Frage, woraus die »Bestandteile« der Seele bestehen noch auf welche Art und Weise sie den Leib belebt und formt und dadurch das Prinzip aller Lebenstätigkeiten darstellt. Es ist daher auch vermessen zu behaupten, dass das Etwas, dessen »Substanz« wir nicht kennen, gemeinsam mit dem Körper, der aus Materie unseres Universums besteht, sich in kleinere und kleinste Teilchen auflöst. Ein solcher Schluss ist völlig unlogisch, denn reiner Geist unterfällt keinen biologischen Vorgängen und benötigt zu seiner Existenz weder Materie noch Energie. Jedenfalls keine solche, welche Bestandteile unseres Universums sind. Diesbezügliche Auffassungen widersprechen wohl auch eindeutig den Aussagen von Jesus, wie sie in den Evangelien wiedergegeben werden. Wenn nun Medard Kehl in Eschatologie, Würzburg: Echter 1986 auf S. 275-279, die Auffassung vertritt, dass nicht die Seligkeit der leibfreien, unsterblichen Seele das hervorgehobene Ziel unserer Hoffnung sein soll bzw. könne, sondern die den Tod besiegende, ganzmenschliche Gemeinschaft mit dem auferstandenen Christus, so ist gegen diese Aussage an sich nichts einzuwenden. Allerdings sollte man nicht Körper und Leib als unterschiedliche Gebilde betrachten, wobei der Körper das rein materielle und damit auch das vergängliche sei und der Leib, der aus der Auferstehung hervorgehe, sich bereits zum Zeitpunkt des biologischen Todes des Körpers bilde und sich zugleich mit der Seele verbinde. Hier wird lediglich mit anderen Worten der Versuch unternommen, den Zeitpunkt der Auferweckung des Menschen mit dem überirdischen Körper auf den Zeitpunkt vorzuverlegen, an dem die Seele ihren aus irdischer Materie bestehenden Körper, mit dem sie bislang verbunden war, verliert. Dies würde in Tat und Wahrheit bedeuten, dass der Mensch überhaupt keinen Tod erleidet, sondern sein irdischer Körper unmittelbar in den überirdischen Körper transformiert wird. Diese Situation wäre wohl dann gegeben gewesen, wenn sich der Mensch nach seiner Erschaffung an die Gebote Gottes gehalten hätte. Eine solche Interpretation des Auferstehungsgeschehens lässt sich (leider) nicht mit den Aussagen von Jesus, wie sie im Neuen Testament wiedergegeben werden, in Übereinstimmung bringen. Um dies ganz eindeutig darzutun, wird hier nochmals auf die Aussage von Jesus, die wie folgt lautet, verwiesen: »*Die ,Stunde kommt, in der alle, die in den Gräbern sind, seine Stimme hören und herauskommen werden: Die das Gute getan haben, werden zum Leben auferstehen, die das Böse getan haben, zum Gericht.«* Wenn nun die Seele vereint mit dem neuen Leib bereits im Zeitpunkt des Todes des Körpers die Auferweckung erfährt, wie soll es dann möglich sein, dass zur Zeit der Wiederkunft von Jesus die Toten in den Gräbern die Stimme des Gottessohnes hören und hierauf aus den Gräbern herauskommen und zum Leben oder zum Gericht auferstehen werden? Auch die von E. Brunner vertretene Auffassung, dass jeder Sterbende aus der Zeit in die Zeitlosigkeit Gottes hineinstirbt und somit im Tod auch sofort den Jüngsten Tag und die Totenerweckung erreicht, vermag nicht zu erklären, weshalb das zeitbezogene Geschehen bezüglich des sich in Atome auflösenden toten Körpers auf dieser Welt anders gesehen werden soll als das diesbezügliche Geschehen der Lebenden. Solange Raum und Zeit Gültigkeit haben, verlangt die Frage eine Antwort, was zwischen dem Tode des irdischen Körpers bis zum Zeitpunkt des Jüngsten Tages, an dem der überirdische Körper auferweckt wird, mit der Seele geschieht. Hierbei darf nicht außer Acht gelassen werden, dass auch der Jüngste Tag noch zu einem Zeitpunkt stattfindet, zu welchem Raum und Zeit Gültigkeit haben. Hier muss man sich einfach zu einer Entscheidung durchringen. Entweder ist die Seele dergestalt mit dem irdischen Körper verwoben, dass sie mit dem Verlust desselben jedwede eigenständige Aktionsmöglichkeit und Wahrnehmungsfähigkeit verliert und somit ihre verlorengegangenen Fähigkeiten erst zum Zeitpunkt der Erschaffung des überirdische Körpers am Jüngsten Tag wieder erlangt, oder die Seele behält auch zwischen dem Verlust des irdischen Körpers und ihrer Vereinigung mit dem Auferstehungskörper die vorerwähnten

Fähigkeiten, allenfalls in geänderter Form. Überlegungen bezüglich des vorerwähnten Verlustes sämtlicher Fähigkeiten der Seele zum Zeitpunkt des Todes ihres irdischen Körpers lassen außer Acht, dass jedenfalls die kath. Kirche in Form eines Dogmas auf dem 5. Laterankonzil in der 8. Sitzung am 19. Dezember 1513 ausgesprochen hat, dass der Mensch eine individuelle und unsterbliche Seele besitze, was Voraussetzung für eine persönliche Unsterblichkeit sei. In der Enzyklika Humani generis (1950) hält Papst Pius XII. fest, dass die Seelen unmittelbar von Gott geschaffen werden. Die traditionelle Lehre der Kirche wurde diesbezüglich 2005 im Katechismus der kath. Kirche bekräftigt. Dort wird festgehalten, dass die Geistseele nicht von den Eltern kommt, sondern unmittelbar von Gott geschaffen werde und unsterblich sei. Die Seele gehe daher auch nicht zugrunde, wenn sie sich im Tod vom Leibe trenne. Die kath. Kirche hat bereits im Ersten Vatikanischen Konzil definiert, dass ein Dogma ein Satz göttlichen und katholischen Glaubens ist, der durch das allgemeine und ordentliche Lehramt (affirmativ) oder durch konziliare oder päpstliche Definition definitiv als von Gott geoffenbarte und zu glaubende Wahrheit verkündet wird. Es ist durchaus legitim, wenn jemand aus naturwissenschaftlichen und philosophischen Überlegungen auch verbindliche Lehrsätze einer Weltreligion für unzutreffend erklärt. Hierbei muss er sich allerdings bewusst sein, dass er sich damit von der für alle Gläubigen dieser Glaubenslehre verbindlichen Aussagen entfernt und er de facto eine neue Lehre und damit auch eine neue Religion begründet. Besonders kritisch ist ein solches Vorgehen immer dann, wenn weder naturwissenschaftliche Erkenntnisse noch zwingende philosophische Schlüsse diese abweichende Meinung zu stützen vermögen. Aus den zuvor zitierten Aussagen von Jesus ergibt sich wohl eindeutig, dass es weder einen Tod noch einen »Tiefschlaf« der menschlichen Seele zwischen dem Tode des irdischen Körpers bis zum Zeitpunkt der Wiedererlangung des überirdischen Körpers am Jüngsten Tag gibt.

Für den Autor steht somit fest, dass die Toten zu jenem Zeitpunkt, zu dem sie die Stimme von Jesus in den Gräbern hören werden, den Auferstehungskörper erhalten, mit dem sich ihre Seele wieder **vereint** – dies bedeutet, dass die Seele auch in der Zwischenzeit existent war – und bei den dann noch Lebenden ihr irdischer Körper sich ebenfalls in den Auferstehungskörper verwandelt und alle dann gemeinsam vor Jesus erscheinen, der den Guten das ewige Leben gibt und die Bösen dem Gericht überantwortet. Der Autor räumt ein, dass es Ausnahmen von diesem hier vertretenen Grundsatz geben muss und auch gibt. Die Muttergottes wurde nach ihrem irdischen Tod einschließlich ihres Körpers, welcher allerdings ebenso wie der Körper von Jesus vom irdischen Körper in einen überirdischen Körper zuvor gewandelt wurde, in den Himmel aufgenommen. Sie ist inzwischen wiederholt verschiedenen Personen an verschiedenen Orten erschienen und diese waren in der Lage, ihren Körper wahrzunehmen. Ferner wurden auch Moses und Elija von den Aposteln Petrus, Jakobus und Johannes gesehen und auch sprechen gehört. Hier muss ganz offensichtlich, die Vereinigung von Seele und neuem Körper vor dem allgemeinen Gericht stattgefunden haben. Dass dies möglich ist, wurde ja durch die körperliche Auferstehung von Jesus bewiesen. Für die zu diesem Zeitpunkt noch Lebenden wird es allerdings keinen Reinigungsaufenthalt im Purgatorium geben, da sie unmittelbar vom irdischen Leben eine Transformation ins Überirdische erfahren. Sie erleben somit eigentlich jene Situation, die im ursprünglichen Plan Gottes für die gesamte Menschheit vorgesehen war, jedoch durch das Fehlverhalten der ersten Menschen verhindert wurde.

d3) Wann findet das Allgemeine Gericht statt?

Auch hierüber geben die Worte von Jesus, wie sie in den Evangelien wiedergegeben werden, Auskunft. In Mk. 13.32 heißt es: *»Doch jenen Tag und jene Stunde kennt niemand, auch nicht die Engel im Himmel, nicht einmal der Sohn, sondern nur der Vater.«* In Mk. 13.26f heißt es: *»Dann wird man den Menschensohn mit großer Macht und Herrlichkeit auf den Wolken kommen sehen. Und er wird die Engel aussenden und die von ihm Auserwählten aus allen vier Windrichtungen zusammenführen, vom Ende der Erde bis zum Ende des Himmels.* In Mk. 13.24f heißt es: *»Aber in jenen Tagen nach der großen Not wird sich die Sonne verfinstern und der Mond wird nicht mehr scheinen; die Sterne werden vom Himmel fallen und die Kräfte des Himmels werden erschüttert werden.«* Aus diesen Aussagen Jesu können folgende Schlüsse gezogen werden. Die Erde wird bis zum Kommen des Menschensohnes jedenfalls für Menschen bewohnbar sein. Es wird bis zu diesem Zeitpunkt keine verwüstete Erde geben, denn die ausgesandten Engel werden die Auserwählten aus allen vier Windrichtungen zusammenführen. Allerdings werden zu jenem Zeitpunkt schreckliche Ereignisse stattfinden. Mit der Aussage, dass sich die Sonne verfinstert, der Mond nicht mehr scheinen wird und die Sterne vom Himmel fallen, könnte durchaus ein Ereignis beschrieben werden, bei dem ein Asteroid oder ein Komet mit der Erde kollidiert, wobei er möglicherweise vor dem Aufprall in der Atmosphäre teilweise zerbricht und beim Aufprall auf die Erde so viel Staub aufwirbelt, dass die Sonne verfinstert wird und der Mond nicht mehr zu sehen sein wird. Eine Supernova in einer Entfernung von weniger als 200 Lichtjahren oder ein Gammablitz könnten zwar auch das Leben auf der Erde vernichten, jedoch würde dies nicht auf die beschriebene Art und Weise erfolgen. Auch ein Vulkanausbruch könnte ein gefährliches Szenario abgeben, jedoch wäre es gänzlich unmöglich, dass durch sein Wirken Sterne vom Himmel fallen. Auch eine Polumkehr könnte sehr unangenehme Folgen zeitigen, jedoch ebenfalls nicht bewirken, dass Sterne vom Himmel fallen werden. Würde die Erde von einem »Schwarzen Loch« erfasst, so würden hierdurch wohl die Kräfte des »Himmels« erschüttert werden, aber es würden keine Sterne herabfallen, sondern diese würden eher vom »Schwarzen Loch« verschluckt werden. Auch eine Pandemie oder ein Atomkrieg könnte nicht bewirken, dass Sterne vom Himmel fallen. Gleiches gilt für ein Weltuntergangszenario durch eine Maschinenherrschaft. Da ein Aufprall eines Asteroiden oder eines Kometen auf der Erde weder vorhersehbar wäre noch kaum verhindert werden könnte, kann auch nicht näher vorhergesagt werden, wann ein solches Ereignis stattfinden könnte. Wenn Jesus sagt, dass weder die Engel im Himmel noch der Sohn den diesbezüglichen Zeitpunkt kennen, sondern nur der Vater das diesbezügliche Wissen habe, so muss berücksichtigt werden, dass Jesus, der Gott und Mensch zugleich und zwar untrennbar und unvermischt war und ist, diese Aussage in seiner Eigenschaft als Mensch gemacht hat, denn als zweite Hypostase der Trinität ist Jesus ebenfalls Teil des einzigen Gottes. Er ist daher ebenso wie der Vater und der Heilige Geist allwissend und kennt daher auch den Zeitpunkt, wann das Jüngste Gericht auf dieser Erde stattfinden wird.

Für alle Menschen gilt jedoch, dass wir weder den Tag noch die Stunde unseres Todes kennen (ausgenommen vielleicht bei Suizid und Todesurteil), noch die Stunde, wann wir zum Allgemeinen Gericht gerufen werden.

d4) Lebensbereich der vom Tode Auferweckten nach dem Allgemeinen Gericht:

Auch zu dieser Frage gibt die Aussage Jesu, wie sie in den Evangelien wiedergegeben wird, eine zuverlässige Antwort. So heißt es in Mt. 25.34 wie folgt: *»Dann wird der König zu denen auf der rechten Seite sagen: Kommt her, die von meinem Vater gesegnet seid, nehmt das Reich in Besitz, das seit der Erschaffung der Welt für euch bestimmt ist.«* In Mt. 25.41 heißt es: *»Dann wird er sich auch an die auf der linken Seite wenden und zu ihnen sagen: Weg von mir, ihr Verfluchten, in das ewige Feuer, das für den Teufel und seine Engel bestimmt ist.«* Aus diesen zwei Kernaussagen geht eindeutig hervor, dass beim Allgemeinen Gericht, an welchem die gesamte Menschheit versammelt sein wird, wobei die Guten zur rechten Seite und die Bösen zur linken Seite vom Richter aus gesehen stehen werden, der Richterspruch, der beim besonderen Gericht für jede einzelne Seele individuell gesprochen worden war, nun für den vom Tode auferweckten Menschen, bei welchen Seele und neuer Leib wieder vereint sind, wiederholt wird. Dieser Vorgang besiegelt auch, dass der einzelne Mensch mit Leib und Seele entweder in das für ihn seit Anfang der Schöpfung vorbereitete Reich einziehen oder ebenfalls mit Leib und Seele der ewigen Verdammnis ausgeliefert sein wird. In Lk. 20.35 heißt es weiter: *»Die aber, die Gott für würdig hält, an jener Welt und an der Auferstehung von den Toten teilzuhaben, werden dann nicht mehr sterben.«* Hieraus ergibt sich, dass diejenigen, die in das Reich Gottes einziehen, nicht mehr sterben werden. In Lk. 13.28 heißt es: *»Ihr (die Bösen) aber werdet heulen und mit den Zähnen knirschen, wenn ihr seht, dass Abraham, Isaak und Jakob und alle Propheten im Reich Gottes sind, ihr aber ausgeschlossen seid.«* Aus dieser Aussage ergibt sich eindeutig, dass diejenigen, die sich auf der linken Seite des Richters befanden, auf Dauer vom Reich, das für die Guten bestimmt wurde, ausgeschlossen sein werden.

Das Reich Gottes, das ursprünglich für alle Menschen und nach dem Sündenfall nur für diejenigen, die nicht der Verdammnis verfallen bestimmt ist, wurde offensichtlich zum Zeitpunkt der Erschaffung der Welt errichtet. Es erhebt sich hierbei die Frage, ob Jesus mit dem Wort Welt die Erde oder das Universum gemeint hat. Unter der Bezeichnung Welt würde man aus heutiger Sichtweise eher auf die Erde als auf das Universum schließen. Als Jesus lebte und diese Aussage gemacht hat, wurde aufgrund des damaligen naturwissenschaftlichen Verständnisses sicher die gesamte Schöpfung verstanden. Diese Auffassung kann sich auch auf Genesis 1 stützen, wo es heißt, dass am Anfang Gott Himmel und Erde erschaffen hat. Da Jesus jedoch über die wirklichen Gegebenheiten des gesamten Universums genaue Kenntnisse hatte, die weit über das hinausgehen, was wir heute wissen, wäre es auch durchaus vertretbar zu argumentieren, dass Jesus mit dem Zeitpunkt der Erschaffung des Reiches Gottes für die Menschen den Zeitpunkt der Erschaffung der Erde zum Ausdruck bringen wollte. Geht man von letzterer Auffassung aus, dann könnte das Reich Gottes außerhalb der Erde sich irgendwo im gesamten Bereich des Universums befinden. Dieses Verständnis der Aussage Jesu könnte auch besondere Bedeutung erlangen, wenn wir zu einem noch in weiterer Zukunft liegenden Zeitpunkt feststellen würden bzw. werden, dass es in unserem Universum noch weiteres intelligentes Leben gibt und die Frage zu beantworten sein wird, in welcher Beziehung diese Lebewesen zu Gott stehen. Andererseits ist es aufgrund unseres derzeitigen naturwissenschaftlichen Wissensstandes relativ schwierig, zur Frage nach dem Ort des Reiches Gottes eine vernünftige Antwort zu finden. Die Wissenschaft ist sich derzeit noch uneins, ob unser Universum in ferner Zukunft kollabiert oder sich stets weiter ausdehnt und letztlich in Kälte und Dunkelheit erstarren wird. Da das Reich Gottes wie auch der Ort, wo sich die Verdammten aufhalten werden müssen, für ewig angelegt ist, war es für Gott natürlich auch möglich, diese Orte außerhalb unseres gesamten Universums zu errichten. Dafür, dass dem so sein könnte, lassen sich gute Argumente ins Feld führen. Einerseits bestehen die Seelen und auferweckten Leiber nicht aus Materie, aus welcher unser Universum geschaffen wurde, und ferner wäre es auch möglich, dass der Sündenfall der von Gott erschaffenen und mit einer Seele ausgestatten Geschöpfe von diesen Geschöpfen unabhängig ihrer örtlichen Situation verursacht wurde und dass der Erlösungsakt von Jeus für alle beseelten Geschöpfe unseres Universums vollzogen worden ist. Sowohl die engere wie die weitere Auffassung würde im Prinzip den Aussagen von Jesus, wie sie in den Evangelien zum Ausdruck kommen, nicht zwangsläufig widersprechen. Wie bereits zuvor zum Ausdruck gebracht, hatte Jesus als 2. Hypostase der Trinität umfassende Kenntnisse der naturwissenschaftlichen Gegebenheiten, auch solche, für die es nach heutigem Wissensstand nur Spekulationen gibt. Allerdings müssen auch unter diesen Umständen seine Aussagen schlüssig und widerspruchsfrei sein und auch so interpretiert werden. Voraussichtlich werden wir erst bei unserem Tode und danach sämtliche Details der Schöpfung Gottes erkennen. Dies darf uns jedoch nicht dazu veranlassen, an der Richtigkeit der Kernaussagen von Jesus und an dem von ihm für uns erbrachten Sühneopfer zu zweifeln.

Anmerkungen

In den nachfolgenden Anmerkungen erfolgt eine Definition diverser Begriffe, wie diese im Rahmen dieses Buches vom Autor verstanden werden. Es werden auch nähere Informationen in Bezug auf Personen, deren Aussagen und Ansichten, die von diesen zu den in diesem Buch behandelten Themenkreisen geäußert wurden, aufgelistet. Der Autor weist jedoch ausdrücklich darauf hin, dass die diesbezüglich dargetanen Auffassungen der genannten Personen nur dann mit seiner Auffassung übereinstimmen, wenn dies verbindlich zum Ausdruck gebracht wird. Die Auflistung der Personen und die Darlegung der von diesen vertretenen Auffassungen dient lediglich dem Zweck, dem Leser einen kurzen Hinweis zu geben, welche Vielfalt von Ansichten zu den verschiedenen Zeitepochen in den diversen weltanschaulichen und religiösen Auffassungen zu dem in diesem Buch behandelten Themenbereich bereits vertreten wurden und werden. Aus der schier unerschöpflichen Menge der diesbezüglichen Äußerungen wurden vom Autor Personen und Auffassungen ausgewählt, die nach seiner Ansicht dem interessierten Leser einen ersten Überblick vermitteln können. Die diesbezüglichen Informationen wurden der im Quellenverzeichnis aufgelisteten Literatur entnommen.

Als Quellen, insbesondere zur Beschaffung der nachfolgend aufgelisteten Informationen, dienten:

a) »Die Neue Jerusalemer Bibel« in der neu bearbeiteten und erweiterten Ausgabe von Alfons Deissler und Anton Vögtle in Verbindung mit Johannes M. Nützel herausgegeben als 3. Auflage der Sonderausgabe 2007 vom Herder Verlag, Freiburg im Breisgau. (ISBN 978-3-451-29476-1);

b) »Die Bibel, Altes und Neues Testament« als Einheitsübersetzung herausgegeben, 1980 Katholische Bibelanstalt GmbH, Stuttgart, Herder Freiburg, Basel, Wien (ISBN978-3-451-28000-9);

c) Katechismus der Katholischen Kirch, Kompendium, Übersetzung aus dem italienischen im Auftrag der Deutschen Bischofskonferenz, 2005 Deutsche Bischofskonferenz, Bonn. Für die deutschsprachigen Ausgaben: Copyright 2005 Pattlochverlag GmbH & Co. KG, München.

d) Der Koran, Das heilige Buch des Islam, nach Übertragung von Ludwig Ullmann, neu bearbeitet und erläutert von L. W. Winter, Hrsg. Wilhelm Goldmann Verlag, München

e) Meyers Enzyklopädisches Lexikon der Neunten völlig neu bearbeiteten Auflage, von Bibliographisches Institut, Mannheim/Wien/Zürich.

f) Schuster Dieter, Das Quantengeheimnis: Die Wissenschaft entdeckt das Jenseits, Contessa Verlag ISBN 978-3936641222.

g) Gisin Nicolas (Autor), Manfred Stern (Übersetzer), Der unbegreifliche Zufall: Nichtlokalität, Teleportation und weitere Seltsamkeiten der Quantenphysik, Amazon.de

h) Dahlheim Werner, Die Welt zur Zeit Jesu [2], Verlag C.H. Beck oHG., München

i) Ratzinger Joseph, Benedikt XVI., Jesus von Nazareth, Zweiter Teil, Herder Verlag, Freiburg, Basel, Wien.

j) Das Jahr Tausend Buch 1 – 1000, Autoren: Uwe Birnstein, Johannes Ebert, Dirk Husemann, Christian Jahnel, Herwig Kenzler, Antje Kreipe, Dr. Ralf Ludwig, Stefanie Paulin, Andreas Schmid, Katja Schulz, Dr. Wolfgang Westphal; Hrsg. ADAC Verlag, München und Bertelsmann Lexikon Verlag GmbH, Gütersloh.

k) Das Jahr Tausend Buch 1001 – 2000, Autoren: Uwe Birnstein, Johannes Ebert, Dirk Husemann, Christian Jahnel, Herwig Kenzler, Antje Kreipe, Dr. Ralf Ludwig, Stefanie Paulin, Andreas Schmid, Katja Schulz, Dr. Wolfgang Westphal; Hrsg. ADAC Verlag, München und Bertelsmann Lexikon Verlag GmbH., Gütersloh.

l) WIKIPEDIA, DIE freie Enzyklopädie, https;// de.wikipedia.org.

Der Autor weist ausdrücklich darauf hin, dass WIKIPEDIA, Die freie Enzyklopädie, aufgrund ihrer Erstellung nicht zitierfähig ist. Da es in diesem Buch jedoch um die Beurteilung von Aussagen, die in der Bibel einschließlich des Neuen Testamentes und im Koran zum Thema der Existenz der menschliche Seele und ihrer Weiterexistenz auch nach dem Tode des menschlichen Körpers geht, und die sonstigen Auflistungen der in Theologie und Philosophie hierzu vertretenen Ansichten nur zum Zwecke der Interpretation und zur Darlegung der Auffassungen, wie sie in den verschiedenen Zeitepochen in Bezug auf die Beurteilung der Situation der menschlichen Seele vertreten worden sind, dienten, ist es nach Ansicht des Autors zu verantworten, dass diesbezüglich auf Informationen, die in WIKIPEDIA, Die freie Enzyklopädie, aufgelistet sind, zurückgegriffen wird.

- **Abaelard**, gestorben am 21. April 1142 in Saint Marcel, war ein umstrittener und streitbarer Philosoph des Mittelalters. Er vertrat viele Jahrhunderte vor der Aufklärung die Ansicht, dass der Vernunft nicht nur in der Philosophie, sondern auch in Glaubensfragen Vorrang gebühre.

- **Abu Bakr** Muhammed-e-Zakariyä-ye-Räz, geb. 865 in Ray in der Nähe des heutigen Teheran, gest. 925 ebenda, war ein bedeutender persischer Arzt, Naturwissenschaftler und Alchimist. Er wurde bekannt als Autor zahlreicher medizinischer Bücher, die sehr lange zum Medizinstudium benutzt wurden. Als einer der ersten konzentrierte er sich auf die psychischen Seiten der Medizin und der Heilung und dachte sich das Verhältnis von Leib und Seele als von der Seele bestimmt. Ein Mediziner sollte somit auch ein guter Seelenarzt sein.

- **Al**-Farabi, geb. vermutlich um 872 n. Chr. In Otrar, Kasachstan, gest. 950 n. Chr. zwischen Aschkelon und Damaskus, war ein muslimischer Philosoph und Gelehrter aus Zentralasien. Er beschäftigte sich mit Logik, Ethik, Politik, Mathematik, Philosophie und Musik. Er war der Ansicht, dass die Philosophie in der islamischen Welt ihre neue Heimat gefunden hat. Durch Übersetzungen und Kommentare vermittelte er der arabischen Welt das geistige Erbe des antiken Griechentums. Seine Werke wurden im 12. Jahrhundert ins Lateinische übersetzt. Philosophische Wahrheiten hielt er für universell gültig, und betrachtete die Philosophen als Propheten, die zu ihren Erkenntnissen mittels göttlicher Inspiration gelangt sind (siehe Das Jahr

Tausend Buch 1000 – 2001«, Hrsg. ADAC Verlag, München und Bertelsmann Lexikon Verlag GmbH., Gütersloh.)

- **Al-Ghazali**, geb. 1058 in Tüs bei Maschhad, gest. am 19. Dez. 1111, war ein persischer islamischer Theologe, Philosoph und Mystiker. Er zählt bis heute zu den bedeutendsten religiösen Denkern des Islam. Ihm ist die Einführung der aristotelischen Logik und Syllogistik in die islamische Jurisprudenz und Theologie zu verdanken. Er vertrat gleichwohl einen religiös motivierten Skeptizismus, der die Wahrheiten des Glaubens und der Offenbarung mit den Mitteln des philosophischen Zweifels gegen den Wahrheitsanspruch der Philosophie verteidigt.
- **Ibn-al-Qayyim**, geb. 29. Jänner 1292 in der Nähe von Damaskus, gest. 26. Sept. 1350. war ein bekannter hanbalitischer Gelehrter der Mamlukenzeit, der sich mit Theologie, Fiqh und Sufismus befasste. Er äußerte sich oft und strikt gegen das »blinde« befolgen der Rechtsschulen und kritisierte Schiiten. Das Vorgehen der islamischen Schultheologie lehnte er ab.

- **Al-Kindi**, geb. um 800 in Kufa, gest. 873 in Bagdad, war ein arabischer Philosoph, Wissenschaftler, Mathematiker, Arzt und Musiker. Seine Abhandlung über den Intellekt wurde über Jahrhunderte von arabischen und lateinischen Intellektuellen breit rezipiert. Auch theologische Debatten wurden von seinen Konzepten beeinflusst. Er vertrat u.a. die Auffassung, dass der ferne und unbekannte Gott unsere Welt nicht von Ewigkeit her, sondern in der Zeit (nach der Existenz der Zeit) aus dem Nichts bewirkt habe. Kindi definierte die Unterscheidung zwischen dem aktiven und passiven Intellekt dahingehend, dass das Denken in drei Stufen aufgebaut sei und zwar a) der potenzielle Intellekt (das Vermögen des Menschen zu denken), b) der erworbene Intellekt (das Vermögen, etwas zu hören, es aber gerade nicht auszuüben), und c) der sichtbare Intellekt (das erworbene Wissen anzuwenden). Diese drei Stufen seien die Formen des passiven (rezeptiven) Intellekts. Der aktive Intellekt sei die Ursache und das universale Prinzip aller Intellekte und die Spontanität des Denkens und ohne Ruhe. Er betrieb astrologische Forschungen und entwickelte eine Geschichtstheorie, in der er annahm, dass bestimmte Sternenkonstellationen historische Entwicklungen beeinflussten. (Siehe Das Jahr Tausend Buch 1 – 1000«, Hrsg. ADAC Verlag München und Bertelsmann Lexikon Verlag GmbH. Gütersloh.)

- **Albert** der Große, gestorben am 15. Nov. 1280 in Köln, war ein deutscher Gelehrter und Bischof, der wegbereitend für den christlichen Aristotelismus des hohen Mittelalters war. Im Jahr 1622 wurde er selig und am 16. Dez. 1931 von Papst Pius XI. heiliggesprochen und zum Kirchenlehrer erklärt. Er hielt die Alchemie als diejenige der Künste, die der Natur am Nächsten kommt.

- Ein **Apologet** ist ursprünglich der juristische Magistratsbeamte in der griechischen Polis, in der frühchristlichen Zeit, ein Vertreter der christlichen Apologie, die das Christentum im Römischen Reich als vernünftige Religion aufzeigt und gegen Angriffe anderer Religionen und Philosophen verteidigt.

- **Aristoteles,** geb. 384 v. Ch., gehört zu den bekanntesten und einflussreichsten Philosophen der Geschichte. Er war ein Schüler von Platon. In seiner Seelenlehre ist er mit zwei Positionen konfrontiert. Zum einen mit dem Materialismus vorsokratischer Naturphilosophen, die behaupten, die Seele bestehe aus einer besonderen Art Materie, zum anderen mit der dualistischen Position Platons, für den die Seele unsterblich, immateriell und ihrer Natur nach eher etwas Intelligibles ist. Er erklärt, dass Zustände der Seele zwar auch immer Zustände des Körpers seien, aber er verneint eine Identität von Körper und Seele ebenso wie die Unsterblichkeit der Seele.

- **Athenagoras** von Athen war ein frühchristlicher Apologet des 2. Jh. Er stammte aus Athen, trat um 160 zum Christentum über und lehrte in Alexandria an der Katecheten-Schule. Er verfasste um 177 für Kaiser Marc Aurel und dessen Sohn Commodus die Schrift »Legatio pro Christianis«. Er nahm die Christen bezüglich gängiger Beschuldigungen wie des Kindermordes und der Unzucht in Schutz. (Siehe Das Jahr Tausend Buch 1 – 1000, Hrsg. ADAC Verlag München und Bertelsmann Lexikon Verlag GmbH. Gütersloh.)

- Paul **Althaus**, gestorben am 18. Mai 1966 in Erlangen, war ein evangelischer Theologe. Bedeutung erlangte er durch seine Ur-Offenbarungslehre. Nach dieser Lehre offenbart sich Gott auch außerhalb von Jesus Christus. Allerdings bleibe die Ur-Offenbarung der Heilsordnung in Christus untergeordnet.

- **Augustinus**, geb. 354 in Thagaste, gestorben am 28. August 430 in Hippo Regius in Numidien, heute Annaba in Algerien, war einer der vier lateinischen Kirchenväter der

Spätantike und ein wichtiger Philosoph an der Schwelle zwischen Antike und Frühmittelalter. Wie sein Vater war er Heide. Unter dem Einfluss der Predigten des Bischofs Ambrosius von Mailand ließ er sich 387 taufen und war von 395 bis zu seinem Tod Bischof von Hippo Regius. Er hat das Denken des Abendlandes wesentlich geprägt. In seinem dogmatischen Hauptwerk »De Trinitate« sah er keinen Unterschied zwischen den einzelnen Personen (Gottvater, Sohn und Heiliger Geist); er sah sie gleich ewig, gleich vollkommen und für gleich allmächtig an. Er betrachtete sie vor allem als »Relationen« innerhalb des göttlichen Wesens. Augustinus' Lehre von der Erbsünde – mit ihrer impliziten Ablehnung des freien Willens zur Entscheidung für Gott oder gegen ihn durch den Menschen – hatte einen großen Einfluss auf die Reformatoren wie Martin Luther und insbesondere Johannes Calvin. Augustinus vertrat auch die Ansicht, dass es eine Hölle gibt und dass deren Insassen dort endlose Qualen erleiden müssen. (Siehe Das Jahr Tausend Buch 1 – 1000, Hrsg. ADAC Verlag München und Bertelsmann Lexikon Verlag GmbH. Gütersloh.)

- **Avicenna**, geb. um 960 in Afschäna, gest. 1037 in Hamadan, war ein persischer Arzt, Physiker, Philosoph, Dichter, Jurist, Mathematiker, Astronom, Alchemist und Musiktheoretiker. Er hat insbesondere zu seiner Zeit die Geschichte und die Entwicklung der Medizin maßgeblich geprägt. Avicennas philosophische Lehren werden sowohl von westlichen wie auch von muslimischen Forschern als weiterhin aktuell eingeschätzt. Während westliche Wissenschaftler ihn oft als Rationalisten in der Nachfolge von

Aristoteles sehen, neigen muslimische Forscher eher dazu, ihn als Mystiker zu betrachten.

- Roger **Bacon**, gestorben nach 1292 in Oxford, war ein englischer Franziskaner und Philosoph und gilt als einer der ersten Verfechter empirischer Methoden.

- **Bibeltexte** entnommen aus der »Neue Jerusalemer Bibel« 3. Auflage der Sonderausgabe 2007; sowie Die Bibel, herausgegeben vom Herder Verlag – ISBN 978-3-451-28000-9 Gebunden

- **Bonaventura**, gest. am 15. Juli 1274 in Lyon, war einer der bedeutendsten Philosophen und Theologen der Scholastik und Generalminister der Franziskaner und Kardinal von Albano. Er leitete den Franziskanerorden 17 Jahre lang bis zu seinem Tod. Mit seiner Lehre knüpft er an Augustinus von Hippo und Bernhard von Clairvaux an. Er bemüht sich um die Einheit der christlichen Weisheit gegenüber der Zweiheit von Philosophie und Theologie. Grundlage aller Sicherheit beanspruchenden Erkenntnis ist für ihn, dass die Existenz Gottes eine unbezweifelbare Wahrheit ist. Gottes Nichtexistenz erweist sich für Bonaventura als denkunmöglich.

- Louis de **Broglie**, geb. 15. Aug. 1892, gest. 19. März 1987, war ein französischer Physiker. Er gilt als einer der bedeutendsten Physiker des 20. Jh. Für seine Entdeckung des Welle-Teilchen-Dualismus erhielt er 1929 den Nobelpreis für Physik.

- Emil **Brunner**, gestorben am 6. April 1966 in Zürich, war ein evangelisch-reformierter Schweizer Theologe. Er unterscheidet zwischen materialer und formaler Gottebenbildlichkeit. Während die erstere durch die Sünde völlig verloren gegangen sei, sei letztere erhalten geblieben, denn der Mensch trage auch als Sünder Züge seines Menschseins an sich.

- Johannes **Calvin**, gest. am 27. Mai 1564 in Genf, war Reformator französischer Abstammung und Begründer des Calvinismus. Er gilt als Begründer einer kerygmatischen Theologie. Er war tief religiös und in seinen Anschauungen strenger als Luther. Für ihn war das Bekenntnis zur Allmacht Gottes, dem in unbedingtem Gehorsam Folge geleistet werden muss, entscheidend. Calvins Prädestinationslehre betont, dass der Glaube Gottes unverdientes Geschenk ist. Gottes freie Gnadenwahl sei dessen Geheimnis. Gewissheit der Erwählung finde der Mensch nicht in sich selbst, sondern allein im Blick auf Jesus Christus (siehe »Das Jahr Tausend Buch 1000 – 2001«, Hrsg. ADAC Verlag, München und Bertelsmann Lexikon Verlag GmbH, Gütersloh).

- **Cartesianischer Dualismus**: Darunter versteht man die Lehre von dem Dualismus von Leib/Körper einerseits und Seele/Geist andererseits.

- Paul **Churchland**, geb. 21. Okt . 1942, ist ein an der Universität of California in San Diego lehrender kanadischer Philosoph. Paul Churland ist als Vertreter des eliminativen Materialismus bekannt geworden. Eliminative Materialisten halten alltagspsychologische Begriffe wie Überzeugung und Empfindung für inkohärent. Solche Begriffe seien nicht mit den neurowissenschaftlichen Erkenntnissen vereinbar.

- Patricia Smith **Churchland**, geb. 16. Juli 1943, ist ebenfalls eine kanadische Philosophin. Sie ist die Ehefrau von Paul Churchland und arbeitet überwiegend in den Bereichen Philosophie des Geistes und der Neurophilosophie.

- **Clemens von Alexandria**, geb. 150 in Athen, gestorben um 215 in Kappadokien, war ein griechischer Theologe und Kirchenschriftsteller. Um 175 wurde er Lehrer an der Katecheten-Schule in Alexandria. Clemens bemühte sich, Christentum und griechische Philosophie in Übereinstimmung miteinander zu bringen. Hierbei versuchte er eine Verbindung zwischen der platonischen Philosophie und der christlichen Offenbarungslehre herzustellen (siehe Das Jahr Tausend Buch 1 – 1000, Hrsg. ADAC Verlag München und Bertelsmann Lexikon Verlag GmbH. Gütersloh).

- Anne **Conway**, geb. am 14. Dez. 1631 in London, gest. am 18. Februar 1679, war eine englische Philosophin. Kurz vor ihrem Tod konvertierte sie zum Quäkertum.

- Oscar **Cullmann**, geb. 25. Februar 1902 in Straßburg, gestorben 16. Jänner 1999 in Chamonix, war evangelischer Theologe und Exeget. Von 1938 bis 1972 lehrte er Alte Kirchengeschichte und Neues Testament an der Universität in Basel, der er von 1968 bis 1972 auch als Rektor vorstand. Cullmanns Spezialgebiet war die Exegese des Neuen Testaments, die frühe Kirche und die Erlösung.

- Daniel Clement **Dennet**, geb. am 28. März 1942, ist ein US-amerikanischer Philosoph und gilt als einer der führenden Vertreter in der Philosophie des Geistes. Er ist Professor für Philosophie und Direktor des Zentrums für Kognitionswissenschaft an der Tufts University.

- Dietrich **von Freiberg**, gestorben um 1318/1320, war ein spätmittelalterlicher Philosoph, Theologe und Physiker. Als Mönch gehörte er dem Dominikaner Orden an, wo er hohe Ämter bekleidete. In der Philosophie und Theologie seiner Zeit war er ein Außenseiter. Von einem Modell, das eine stimmige Welterklärung zu bieten beanspruche, forderte er durchgängige Widerspruchsfreiheit und rationale Nachvollziehbarkeit. Als Naturwissenschaftler befasste er sich vor allem mit Fragen der Optik.

-René **Descartes**, geb. 31. März 1596 in La Haye en Touraine, gest. 11. Februar 1650 in Stockholm, war ein französischer Philosoph, Mathematiker und Naturwissenschaftler. Er gilt als der Begründer des modernen frühneuzeitlichen Rationalismus. Sein rationalistisches Denken wird auch Cartesianismus genannt. Von ihm stammt das berühmte Dictum »cogito ergo sum«. Im Jahre 1663 wurden die Schriften Descartes' vom Heiligen Stuhl auf den Index Librorum Prohibitorum gesetzt.

- **Didymus** der Blinde, geb. 320 oder 312 in Alexandria, gest. um 398 ebenda, war ein antiker christlicher Schriftsteller. Er war ein treuer Anhänger von Origenes, kämpfte jedoch entschieden gegen die Ansichten der Arianer. Seine erhalten gebliebenen Schriften zeigen eine umfassende Bibelkenntnis und ein hohes theologisches Niveau.

- **Diodor** von Tarsus, lebte in Antiochien und starb vor 394. Er war ein Presbyter und Bischof des 4. Jahrhundert. In Antiochien wurde er bekannt für sein Festhalten an der Orthodoxie, während in seiner Stadt arianische Bischöfe regierten. Sein Schüler war Theodoros von Mopsuestia, welcher Rektor der Schule von Antiochien wurde. Beide waren Gegner der Häresie des Apollinaris.

- Meister **Eckhart**, gestorben vor dem 30. April 1328 in Avignon war ein einflussreicher spätmittelalterlicher Theologe und Philosoph. Er trat schon als Jugendlicher in den Orden der Dominikaner ein, wo er später hohe Ämter bekleidete. Sein Hauptanliegen war die Verbreitung von Grundsätzen für eine konsequent spirituelle Lebenspraxis im Alltag. Der Kölner Erzbischof erwirkte, dass Papst Johannes XXII. In Avignon 28 Hauptsätze der Lehre von Eckart verdammte. (Siehe Das Jahr Tausend Buch 1000 – 2001«, Hrsg. ADAC Verlag, München und Bertelsmann Lexikon Verlag GmbH, Gütersloh.)

- Johannes Scottus **Eriugena**, gestorben im späten 9. Jh. war Gelehrter irischer Herkunft, der im Westfrankenreich als theologischer und philosophischer Schriftsteller hervortrat. Er lebte am Hof Karls des Kahlen. Mit seiner allegorischen statt historischer Bibelauslegung erregte er Anstoß bei seinen Zeitgenossen und seine kühnen Thesen wurden wiederholt kirchlich verurteilt. Seine Übersetzungen hatten allerdings großen Einfluss auf die Mystik (siehe Das Jahr Tausend Buch 1 – 1000«, Hrsg. ADAC Verlag München und Bertelsmann Lexikon Verlag GmbH, Gütersloh).

- **Essener**: Als Essener oder Essäer wird eine vermutete religiöse Gruppe im antiken Judentum vor der Zerstörung des Jerusalemer Tempels (70 n.Chr.) bezeichnet. Nach dem Thomas-Evangelium (Apokryphen) waren die Essener davon überzeugt, dass der Körper wohl vergehe und dass das Stoffliche nicht von Dauer sei. Die Seelen seien jedoch unsterblich und zwar für immer und ewig.

- **Evangelium nach Johannes**: Das Johannesevangelium soll das jüngste der vier Evangelien sein. Im Vergleich mit den synoptischen Evangelien, wirkt es in Darstellung und Theologie sehr eigenständig. Das Johannes-Evangelium wurde um die Wende zum 2. JH. verfasst (siehe Das Jahr Tausend Buch 1 – 1000, Hrsg. ADAC Verlag, München, und Bertelsmann Lexikon Verlag GmbH, Gütersloh).

- **Evangelium nach Lukas**: Da das Lukas- das Matthäus und das Markusevangelium viele Ähnlichkeiten und Übereinstimmungen im Textbestand aufweisen, werden diese drei Evangelien als synoptische Evangelien bezeichnet. Der Überlieferung nach war Lukas Grieche und wurde im syrischen Antiochia (heute Türkei) geboren und gehörte zu den ersten Heidenchristen, die Paulus im Jahre 40 missionierte. Nach dem Tod des Apostels Paulus habe er das Evangelium und die Apostelgeschichte geschrieben. Mit dem Lukas-Evangelium wurde ein Versuch unternommen, das Christentum der gebildeten Welt nahe zu bringen. Es bedient sich einer gehobenen Literatursprache (siehe Das Jahr Tausend Buch 1 – 1000, Hrsg. ADAC-Verlag München und Bertelsmann Lexikon Verlag Gmb, Gütersloh.)

- Das **Evangelium der Maria** (Magdalena?) gehört zu den Apokryphen des Neuen Testaments. Es handelt sich um eine gnostische Schrift, die auf das Jahr 160 n. Chr. datiert wird.

- **Evangelium nach Markus**: Das Markus-Evangelium ist nach historisch-kritischer Mehrheitsmeinung das älteste Evangelium. Gemäß der bereits erwähnten Zweiquellentheorie diente es als schriftliche Vorlage für das Matthäus- und Lukas-Evangelium. Das Markus- Evangelium entstand als erstes um ca. 70 n.Chr. Das Matthäus-Evangelium etwas später. Das Lukas-Evangelium ist zwischen 80 und 100 n.Chr. entstanden. (Siehe Das Jahr Tausend Buch 1 – 1000, Hrsg. ADAC Verlag, München und Bertelsmann Lexikon Verlag GmbH. Gütersloh.)

- **Evangelium nach Matthäus**: Dies ist das erste der vier kanonischen Evangelien des Neuen Testamentes der christlichen Bibel. Der Matthäus des Evangeliums ist der Apostel und frühere Zöllner. Von vielen Bibelwissenschaftlern der Neuzeit wird dies allerdings unter Berufung auf die Zweiquellentheorie der synoptischen Evangelien bezweifelt. Ein Apostel als Augenzeuge von Jesu Lebensweg würde wohl kaum das Material eines Nicht-Apostels (Markus) verwendet haben, wie dies der Fall zu sein scheint.

- **Fachr** ad-Din ar-Razi, geb. 1149 in Ray, Iran, gest. 1209 in Herat, heute Afghanistan, war ein bedeutender persischer sunnitischer Theologe und Philosoph. In seinem Testament erklärte er, dass rationale Theologie und Philosophie seines Erachtens dem Koran keinen Nutzen bringe, sondern nur zu fruchtlosen Einwendungen und Zweifeln führe.

- Rolf **Froböse,** geb. 29. Juni 1949, ist ein deutscher Journalist und Buchautor.

- Fred H. **Gage**, geb. am 10. Aug. 1950, ist ein US-amerikanischer Neurobiologe im Salk Institue for Biological Studies in La Jolla, Kalifornien.

- Unter **Geistwesen** werden vom Autor Wesen definiert, die weder aus Energie noch Materie bestehen, die durch den Urknall aus der Singularität in unserem Universum freigesetzt, bzw. entstanden ist. Geistwesen sind ferner weder an Zeit noch Raum noch an die von uns wahrgenommenen Dimensionen gebunden

- **Gilbert** von Poitres, gestorben 1155, war ein scholastischer Philosoph und Theologe. Er wurde 1142 Bischof von Poitres. Er war Vertreter des Realismus im Universalien Streit.

- Nicolas **Gisin**, geb. 1952 in Genf, ist ein Schweizer Physiker, Professor an der Universität Genf. Er ist für Arbeiten zu den Grundlagen der Quantenmechanik und zur Quanten Kryptologie bekannt.

- Papst **Gregor** der Große, geb. um 540 in Rom, gest. am 12. März 604 ebenda, war von 590 bis 604 Papst. Er gilt als einer der vier großen lateinischen Kirchenväter der Spätantike.

- **Gregor** von Nyssa, geb. 335/340, gest. nach 394, war ein christlicher Bischof, Heiliger und Kirchenlehrer. Er wurde 372 Bischof von Nyssa und nahm am Ersten Konzil von Konstantinopel teil. Er verteidigte das Bekenntnis von Nicäa gegen die Arianer. Er gilt als größter philosophischer Denker seiner Zeit.

- William D. **Hart** ist Professor für Religion, Ethik und Politik an der Princeton University. Er untersucht Grundsatzfragen darüber, was Religion ist und warum Leute religiös sind.

- Ibn-**Hazm**, geb. 7. Nov. 994 in Cordoba, gest. 16. Aug. 1064 auf dem Gut Casa Montija bei Neapel, war der wichtigste Vertreter der heute nicht mehr existierenden Rechtsschule der Zahiriten. Da sein Vater Wesir von Almansor war, hatte er Zugang zu den höfischen Kreisen in Cordoba. Als Anhänger der Rechtsschule der Zahiriten erhielt er in der großen Moschee Lehrverbot und seine Werke wurden in Sevilla sogar verbrannt.

- Georg Wilhelm Friedrich **Hegel**, geb. 27. Aug. 1770 in Stuttgart, gest. 14. Nov. 1831 in Berlin, war ein deutscher Philosoph und gilt als wichtigster Vertreter des deutschen Idealismus. Der Ausgangspunkt der hegelischen Philosophie wie des deutschen Idealismus ist das von Kant aufgeworfene Problem der synthetischen Urteile a priori. Diese sind für Kant nur für die Mathematik, die Naturwissenschaften und mit Bezug auf die Möglichkeit empirischer Erfahrung möglich. Für den Bereich der theoretischen Philosophie verwarf Kant diese Möglichkeiten. Hegel vertritt die Auffassung, dass das Wahre das Ganze sei. Das Ganze aber sei nur das durch seine Entwicklung sich vollendende Wesen. Die Idee sei der Begriff (Logos) schlechthin, aus dem sich die objektiven, ewigen Grundstrukturen der Wirklichkeit ableiten ließen. Damit nimmt Hegel indirekt Bezug auf einen Ideenbegriff, wie Platon diesen verstand.

- **Hugo** von St. Viktor, gestorben am 11. Februar 1141 war ein christlicher Theologe des Mittelalters. Zwischen 1115 und 1118 trat er in die Schule der Augustiner-Chorherrn von Saint-Victor bei Paris ein. Er gilt als der geistige Gründervater der mit dem Namen von St. Viktor verbundenen Denktradition der Viktoriner, welcher in der Philosophie und Theologie des Mittelalters eine eher platonisch als aristotelische Ausrichtung zuerkannt wird. Er war in seiner Theologie besonders beeinflusst von Augustinus.

- **Irenäus** von Lyon, gest. um 200, war Bischof von Lugdunum in Gallien (heute Lyon) und einer der ersten systematischen Theologen des Christentums. Er prägte den Begriff Regula fidei »Regel des Glaubens.« Er betonte, dass drei feste Normen für die Kirche notwendig seien: das Taufbekenntnis, der biblische Kanon sowie die apostolische Tradition. (Siehe Das Jahr Tausend Buch 1 – 1000, Hrsg. ADAC Verlag, München, und Bertelsmann Lexikon Verlag GmbH, Gütersloh.)

- **Jakob** von Venedig, gestorben nach 1147, war ein venezianischer Kleriker und Kirchenrechtler. Bekanntheit erlangte er vor allem für seine Übersetzung von Aristoteles in die lateinische Sprache.

- Eberhard **Jüngel**, geb. 1934 in Magdeburg, ist ein evangelischer Theologe. Er war bis 2013 Kanzler des Ordens Pour le mérite für Wissenschaften und Künste. Er habilitierte sich im Fach Systematische Theologie an der Theologischen Fakultät der Humboldt-Universität in Berlin-Ost. Für Jüngel ist es die Aufgabe der Theologie, Gott als Liebe zu denken. Nach Jüngel sei uns eine Gotteserkenntnis außerhalb der Offenbarung verwehrt. Nur im Ereignis seiner Identifikation mit dem toten Jesus könne das Wesen Gottes erkannt werden.

- **Justin** der Märtyrer, geb. um 100 und gestorben 165 in Rom, war ein christlicher Märtyrer, Kirchenvater und Philosoph. Seine Lehre war vom Platonismus beeinflusst und gilt als der Beginn der Adaption griechischer Philosophie im Christentum. Auf der Suche nach der Wahrheit bekehrte er sich schließlich zum Christentum, der nach seiner Ansicht allein zuverlässigen und brauchbaren Philosophie. Jesus Christus setzte er gleich mit dem Logos, einem in der damaligen Philosophie verwendeten Wort für die göttliche Wirkkraft (siehe Das Jahr Tausend Buch 1 – 1000, Hrsg. ADAC Verlag, München, und Bertelsmann Lexikon Verlag GmbH, Gütersloh).

- Immanuel **Kant**, geb. 22. April 1724 in Königsberg, gest. am 12. Februar 1804 ebenda, war ein deutscher Philosoph der Aufklärung. Er zählt zu den bedeutendsten Vertretern der abendländischen Philosophie. Sein Werk »Kritik der reinen Vernunft« kennzeichnet einen Wendepunkt in der Philosophiegeschichte und den Beginn der modernen Philosophie. Mit seinem Denkansatz – habe Mut dich deines eigenen Verstandes zu bedienen – ist er wohl zum wichtigsten Denker der deutschen Aufklärung geworden. Für Kant erfolgt Erkenntnis in Urteilen. In diesen werden Anschauungen, die aus der Sinnlichkeit stammen, mit den Begriffen des Verstandes verbunden (Synthesis). Sinnlichkeit und Verstand sind die beiden einzigen gleichberechtigten und voneinander abhängigen Quellen der Erkenntnis. Gedanken ohne Inhalt seien leer. Anschauungen ohne Begriffe seien blind. Kant gibt in der GMS mehrere verschiedene Formulierungen des kategorischen Imperativs. A) Naturgesetzformel: *Handle so, als ob die Maxime deiner Handlung durch deinen Willen zum allgemeinen Naturgesetz werde.* B) Allgemeines Gesetz Formel: *Handle nur nach derjenigen Maxime, durch die du zugleich wollen kannst, dass sie ein allgemeines Gesetz werde.* C) Menschheitszweckformel: *Handle so, dass du die Menschheit sowohl in deiner Person, als in der Person eines jeden anderen jederzeit zugleich als Zweck, niemals bloß als Mittel brauchst.* D) Reich-der-Zwecke-Formel: *Demnach muss ein jedes vernünftiges Wesen so handeln, als ob es durch seine Maximen jederzeit ein gesetzgebendes Glied im allgemeinen Reiche der Zwecke wäre.*

- **Kohlenstoffchauvinismus** ist ein polemischer Begriff der Astrobiologie und der philosophischen Bewusstseinsdebatte. In der Astrobiologie werden Positionen als Kohlenstoffchauvinismus kritisiert, welche die Möglichkeit einer Entstehung von außerirdischem Leben nur auf einer Kohlenstoffbasis diskutieren. In der Bewusstseinsdebatte richtet sich dieser Begriff gegen jene Auffassungen, welche die Möglichkeit einer Existenz von bewussten Systemen ohne ein biologisches Gehirn ausschließen.

- **Laktanz**, geb. um 250, gest. um 320, ist einer der bekanntesten Apologeten des frühen Christentums. Er verteidigte mit seinen Schriften das Christentum gegen die heidnische Kritik seiner Umwelt. Theologisch vertrat Laktanz ein eschatologisches und dualistisches Weltbild. Er wurde 315 von Konstantin dem Großen nach Trier berufen, wo er dessen Sohn Crispus unterrichtete. Er vertrat die Auffassung, dass die Seele nicht von den Eltern stamme, sondern direkt von Gott, denn von Sterblichen könne nur Sterbliches gezeugt werden.

- Das Fünfte **Laterankonzil** war ein von 1512 bis 1517 im Lateran in Rom tagendes Ökumenisches Konzil der kath. Kirche. Es wurde 1512 von Papst Julius II. einberufen und unter Papst Leo X. nach dessen rascher Wahl 1513 fortgesetzt und 1517 frühzeitig abgeschlossen.

- Gottfried Wilhelm **Leibnitz**, geb. 1. Juli 1646 in Leipzig, gest. 14 November 1716 in Hannover, war ein deutscher Philosoph, Mathematiker, Diplomat, Historiker und politischer Berater der frühen Aufklärung. Er gilt als der universale Geist seiner Zeit und einer der wichtigsten Vordenker der Aufklärung. Das von Leibnitz weiterentwickelte duale Zahlensystem legte den Grundstein zur rechnergestützten Informationstechnologie des 20. Jahrhunderts. Er war auch letzter Universalgelehrter. Er betrachtete die Wissenschaft als eine Einheit. Er vertrat auch den Standpunkt, dass jeder Mensch die Fähigkeiten zu einer vernünftigen Lebensführung besitze. In seiner Begriffslehre ging Leibnitz davon aus, dass sich alle Begriffe auf einfache atomare Konzepte zurückführen ließen.

- Martin **Luther**, geb. am 10. Nov. 1483 in Eisleben, gest. am 18. Februar 1546 ebenda, war der theologische Urheber der Reformation. Er hat sich gegen die Verknüpfung des Ablasses zugunsten des Neubaus des Petersdoms in Rom gewandt und ließ seine 95 Thesen am 31.10.1517 zwecks einer Disputation mit Gelehrten in Wittenberg anschlagen. Einen Widerruf, zu dem er von Rom aufgefordert wurde, lehnte er ab. Als zu den Augustiner-Eremiten gehörender Theologieprofessor entdeckte er Gottes Gnadenzusage im Neuen Testament wieder und orientierte sich fortan ausschließlich an Jesus Christus als dem »fleischgewordenen Wort Gottes«. Er wollte ursprünglich Fehlentwicklungen in der Kirche seiner Zeit überwinden. Seine Bibelübersetzung ins Deutsche und seine Predigten veränderten die bislang von der röm. Kath. Kirche dominierte Gesellschaft der frühen Neuzeit nachhaltig. Entgegen Luthers ursprünglicher Absicht kam es zu einer Kirchenspaltung und zur Bildung der evangelisch-lutherischen Kirche und weiterer Konfessionen des Protestantismus (siehe Das Jahr Tausend Buch 1000 – 2001, Hrsg. ADAC Verlag, München, und Bertelsmann Lexikon Verlag GmbH, Gütersloh).

- Jürgen **Moltmann**, geb. am 8. April 1926, ist evangelischer deutscher Theologe. Moltmann begreift seine Theologie immer noch als politisch verantwortlich im Sinne der politischen Theologie von Johann Baptist Metz.

-**Origenes**, geb. 185 in Alexandria, gestorben 254 war ein christlicher Gelehrter und Theologe. Origenes, ausgebildet an der Schule des Clemens von Alexandria, war im Wesentlichen Platoniker mit gelegentlichen Spuren der Stoa. Ebenso platonisch gefärbt war seine Lehre, dass jene Seele, die zur Erkenntnis des höchsten Grundes in der Lage ist, aber gefangen ist im Körper in dieser Welt, nach dem Tode in den göttlichen Bereich steigt, nachdem sie zuvor durch das Feuer gereinigt worden ist. Er vertrat auch die Auffassung, Seele und Geist seien beim Menschen präexistent, d.h. schon von der Geburt seiend. Origenes wurde zu seinen Lebzeiten nie verurteilt, seine Theologie war jedoch immer umstritten. Er gilt in der kath. Kirche nur als Kirchenschriftsteller. Seine Autorität wirkte so stark, dass er offiziell nie als Häretiker verdammt wurde. Einige seiner Lehren wurden allerdings um 553 im Umfeld des 2. Konzils von Konstantinopel verworfen und seine Schriften sollten vernichtet werden. Die heutige Kirchengeschichtsforschung bemüht sich allerdings um seine Rehabilitierung. Er wurde während der Christenverfolgung unter Decius verhaftet und starb an den Folgen der Folter (siehe Das Jahr Tausend Buch 1 – 1000, Hrsg. ADAC Verlag, München und Bertelsmann Lexikon Verlag GmbH, Gütersloh).

- **Platon,** geb. 428/427 v. Chr., war ein griechischer Philosoph. Er war ein Schüler von Sokrates, dessen Denken und Methode er in vielen seiner Werke schilderte. Ein Kernthema für Platon war die Frage, wie unzweifelhaft gesichertes Wissen erreichbar ist und wie man es von bloßen Meinungen unterscheiden kann. In Platons Philosophie ist die Seele als immaterielles Prinzip des Lebens unsterblich. Ihr Dasein ist von dem des Körpers gänzlich unabhängig, sie existiert vor seiner Entstehung und besteht nach seiner Zerstörung unversehrt fort (Prä- und Postexistenz).

- Pietro **Pomponazzi**, gest. am 18. Mai 1525 in Bologna, war ein italienischer Philosoph und Humanist in der Renaissance. Pomponazzi wandte sich in seinem Hauptwerk »De immortalitate animae« (Über die Unsterblichkeit der Seele) gegen die Unsterblichkeit der Seele und widersprach damit Papst Leo X., der 1513 auf dem 5. Laterankonzil die Lehre von der Sterblichkeit der Seele verurteilt hatte.

- **Robert** von Melun, gest. am 27. Februar 1167 in Hereford, war ein britischer Theologe und Philosoph, der in Paris lehrte und ab 1163 Bischof von Hereford war. Im Universalien-Streit vertrat er einen gemäßigten Realismus und trat dem extremen Nominalismus eines Johannes Roscelin entgegen. Er verteidigte auch Abaelard gegen den Vorwurf der Häresie.

- Richard McKay **Rorthy**, geb. am 4. Okt. 1932, gest. 8. Juni 2007 in Palo Alto, Kalifornien, war ein amerikanischer Philosoph und Komparatist. Er gilt als Vertreter des Neo-Pragmatismus.

- »Das **Quantengeheimnis**« von **Dieter Schuster**, erschienen im Contessa Verlag, ISBN 978-3936641222

- Johannes Duns **Scotus**, gestorben am 8. November 1308 in Köln, war schottischer Theologe und Philosoph der Scholastik. Er bewertete Glauben, Wille und Liebe höher als Wissen und Vernunft. Er wurde am 6 Juli 1991 seliggesprochen.

- **Stoiker**: Der stoische Weise ist das Idealbild der stoischen Ethik. Der Weise lebt danach in vollkommener Übereinstimmung mit der Natur, die mit der Vernunft gleichzeitig mit der Tugend identifiziert wird, dem höchsten Gut der Stoiker. Für Zenon von Kition (geb. 333/332 v. Ch.) ist die Seele mit dem Tod erloschen. Epiktet (geb. um 50 n. Chr.) sieht die Seele mit Gott verbunden, dessen Bruchstück der Mensch darstelle. Als vernunftbegabtes Wesen bilde er zusammen mit Gott das größte, mächtigste und umfassendste System. Die Stoa lehrt, dass alles Leiden aus dem Streben nach Lust und nach materiellen Gütern komme. Wahres Glück könne nur aus der Gleichgültigkeit gegenüber weltlichen Glück und Unglücksfällen erwachsen (siehe Das Jahr Tausend Buch 1 – 1000, Hrsg. ADAC Verlag, München, und Bertelsmann Lexikon Verlag GmbH, Gütersloh).

-**Sufi** ibn Arabi, geb. 7. August 1165 in Murcia, gest. 16. Nov. 1240 in Damaskus, war einer der bekanntesten Sufis. Insbesondere seine Lehre von der Einheit des Seins – sie geht von einer körperlichen Einheit zwischen Schöpfer und Schöpfung aus – machte ihn später zu einem Angriffspunkt seiner Gegner. Er vertrat auch die Auffassung, dass Jesus – im Islam Isa ibn Maryam – nicht wie eine große Anzahl der islamischen Richtungen glaubt, mit dem Körper in den Himmel emporgehoben worden sei. Allein seine Seele sei von Gott in den Himmel emporgehoben worden und Jesus sei also eines natürlichen Todes gestorben.

- **Sufismus** ist eine Sammelbezeichnung für Strömungen im islamischen Kulturkreis, die asketische Tendenzen und spirituelle Orientierung aufweisen und oft mit dem Wort Mystik bezeichnet werden. Einen Anhänger des Sufismus nennt man Sufi (arabisch), Sufist oder Derwisch (persisch). Im Sufismus wird eine Einheit alles Existierenden angenommen

- Richard **Swinburne**, geb. 26. Dez. 1934 ist ein britischer Religionsphilosoph und Professor für Religionsphilosophie an der Oxfort University. Auf dem Gebiet der Religionsphilosophie gilt Swinburne als einer der bedeutendsten Philosophen des 20. Jahrhunderts.

- **Tatian**, auch der Assyrer genannt, war Schüler von Justin, mit dem er sich jedoch später überwarf. Er ging in seine syrische Heimat zurück und erwarb sich dort eine streng asketische Anhängerschaft, die Ehe sowie Fleisch- und Weingenuss verwarf.

-**Tertulian**, geb. nach 150 in Karthago, gest. um 220 war christlicher Schriftsteller. Er war der erste Lehrer der Kirche, der auf lateinisch schrieb. Er nannte Vater, Sohn und Heiliger Geist »drei Personen«, die aber eine Einheit Gottes (una substantia) bilden. Jesus sei wahrer Mensch und zugleich Gott. Demnach sei zwischen den menschlichen und göttlichen Eigenschaften Christi zu unterscheiden. Sie seien zwar in der Person des Sohnes vereint, aber nicht vermischt. Er vertrat auch die Auffassung, dass die Ungläubigen in einer Hölle bei vollem Bewusstsein endlos bestraft würden. Er hat der Seele eine gewisse Körperlichkeit zugesprochen, auch wenn sie immateriell sei.

- **Thierry** von Chartres, gestorben um 1155, war ein platonischer Philosoph. Er lehrte 1121 an der Domschule von Chartres, dann in Paris und ab 1142 wieder in Chartres. Er war ein führender Repräsentant der Schule von Chartres, einer philosophischen Richtung, die in der Naturphilosophie und der Kosmologie an die platonische Tradition anknüpfte. Im Sinne der platonischen Tradition deutete er auch die trinitarische Struktur Gottes. Die Zahl eins bringe alle Zahlen hervor. Jede Vielheit und damit Anderssein setze Einheit voraus. In dieser Einheit liege der Ursprung, auf den alles zurückgeführt werden könne: das Eine, Gott.

- **Thomas** von Aquin, geb. um 1225, gest. am 7. März 1274 in Fossanova, war Dominikaner und einer der einflussreichsten Philosophen und Theologen der Geschichte. Er gehört zu den bedeutendsten Kirchenlehrern der römisch-kath. Kirche. Er zählt zu den Hauptvertretern der Scholastik. In der römisch-kath. Kirche wird er als Heiliger verehrt. Zu den besonders bedeutenden Aussagen der thomistischen Erkenntnistheorie gehört ihre Wahrheitsdefinition der »aedequatio rei et intellectus« d.h., der Übereinstimmung von Gegenstand und Verstand. Thomas unterscheidet zwischen dem »tätigen Verstand« (intellectus agens) und dem »rezeptiven oder möglichen Verstand« (intellectus possibilis). Der tätige Verstand zeichne sich vor allem durch die Fähigkeit aus, aus Sinneserfahrungen (sowie bereits geistig Erkanntem) universale Ideen bzw. allgemeingültige (Wesens-)Erkenntnisse zu abstrahieren. Dagegen sei es der rezeptive Verstand, der diese Erkenntnisse aufnehme und speichere. Die Erkenntnislehre von Thomas von Aquin unterscheidet sich fundamental von der Platons. Für Platon ist die Welt der sinnlich wahrnehmbaren Objekte nur ein sehr unvollkommenes Abbild der eigentlichen Realität hinter den Dingen. Für Aristoteles und Thomas ist aber die physische Existenz eine Vollkommenheit und nicht bloßes Abbild eines Höherem. Das höchste Gut sei die ewige Glückseligkeit, die – im jenseitigen Leben – durch unmittelbare Anschauung Gottes erreicht werden könne. Seine Thesen wurden zur Grundlage der Theologie auch in den folgenden Jahrhunderten und prägen die Kirche zum Teil bis heute (siehe Das Jahr Tausend Buch 1001 – 2000, Hrsg. ADAC Verlag München und Bertelsmann Lexikon Verlag GmbH, Gütersloh).

- Die **Umayyaden** waren ein Familienclan des arabischen Stammes der Quraisch aus Mekka, dem Stamm, dem auch der Religionsbegründer Mohammed entstammte. Angehörige der Familie herrschten von 661 bis 750 n. Chr. als Kalifen von Damaskus aus über das junge islamische Imperium. Unter der Regierung der Umayyaden wurde die Grenze des Reiches im Osten bis zum Indus und im Westen bis zur iberischen Halbinsel vorgeschoben.

- **Wilhelm** von Conches, geb. um 1090 in der Normandie, gestorben 1154 war ein mittelalterlicher Philosoph. Sein Hauptinteresse galt der Naturphilosophie und der Kosmologie. Er gehörte zu der als Schule von Chartres bezeichneten Gelehrtengruppe. Er versuchte, seine platonisch geprägte Naturphilosophie mit dem biblischen Weltbild in Einklang zu bringen.